나의 직업은
여행입니다

나의 직업은
여행입니다

강은빈 (써니앤쎄이) 지음

여행하면서 돈도 벌 수는 없을까?

“자~~ 전품목 세일!! 일부 품목? 아니죠~~ 전!품!목!을 무려 70% 저렴하게 가져가실 수 있는 마지막 기회! 얼른 들어오셔서….”

지금은 어떨지 모르겠지만, 약 10년 전에는 화장품 판촉 행사 알바가 인기가 많았다. 일하는 시간에 비해 페이가 꽤 괜찮았다. 하루 4시간을 일하면 10만 원이 넘는 돈을 당일 지급으로 받을 수 있었다. 게다가 행사가 있는 날만 일하면 됐기 때문에 비교적 자유로웠다.

내가 이 아르바이트를 한 이유는 단 하나, 언제든 여행을 떠날 수 있기 때문이었다. 열심히 아르바이트를 하며 돈을 모았고, 돈이 모이면 바로 떠났다. 새로운 곳에서 경험하는 모든 것이 나를 살아 숨 쉬게 했다. 캐나다로 워킹홀리데이를 다녀오고, 꿈에 그리던 유럽 배낭여행도 다녀오면서 청춘을 불태웠다. 해외로 갈 수 없을 때는 국내를 여행했다. 제주에 내려가 살아보기도 하고, 여행 중 만난 남자와 결혼도 했다. 이후 함께 호주 워킹홀리데이를 다녀오며 30대를 맞이했다.

삶이 곧 여행이었던 20대를 보내다 보니, 자연스레 ‘여행하면서 돈을 쓰는 게 아니라 벌 수는 없을까?’ 하는 생각이 들기 시작했다. 사실 꽤 오래전부터 했던 생각이었다. 하지만 방법을 몰랐고, 실행으로 옮기지 못했다. 그러다 SNS가 발전하면서 조금씩 길이 보이기 시작했다. 점점 ‘크리에이터’라는 직업이 보편화되기 시작했고, 그중에서도 여행 크리에이터가 되고 싶었다. 그때 마침, 우리는 제주살이 중이었다. 코로나로 인해 제주가 주목받기 시작했고, 이 기회를 놓치고 싶지 않았다. 본업과 함께 크리에이터 일을 병행했고, SNS 계정을 조금씩 키워갔다. 세계여행을 다녀온 뒤로는 여행 크리에이터를 전업으로 삼아 우리나라에 몇 없는 '부부 여행 크리에이터'가 되었다. 하지만 부부가 함께 고정 수입 없이 오직 크리에이터 수입만으로 살아간다는 건 생각보다 훨씬 어려운 일이었다. 늘 무거운 책임감과 불안함이 뒤따랐지만, 불안해할 시간에 뭐라도 더 해야겠다는 생각으로 나 자신을 계속 채찍질해 왔다.

2~3년간 그렇게 쉴 새 없이 달려온 결과, 지금은 관광청, 항공사, 각종 대기업과 협업하고, TV 방송에도 출연하는 여행 크리에이터가 되었다. 우리를 찾아주는 곳이 많아지고, 점점 더 큰 규모의 프로젝트를 맡게 되면서 머릿속은 온통 해야 할 일로 가득 찼다. 한 달에 천만 원 이상 벌고 싶다는 막연한 소망이 있었는데, 그 소망이 현실이 되어도 늘어난 숫자만큼 부담감은 몇 배가 되어 나를 짓눌렀다. 그렇게 좋아하던 여행이 어느 순간 싫어지기도 했고, 콘텐츠를 만드는 일이 괴롭게 느껴지기도 했다. 그러다 또 어느 날은 출장지에서 마주한 풍경에 가슴이 벅차오르고, 또 어떤 날은 우리의 콘텐츠가 도움이 되었다는 팔로워분의 메시지를 받으면 그동안의 고생이 몇 배로 보상받는 기분이 들기도 했다.

내가 좋아하는 일로 돈을 벌 수 있다는 것, 내 정보가 누군가에게 도움이 된다는 것, 그리고 누군가가 우리 부부를 좋아해 준다는 것. 이 모든 것이 참 감사한 일이다.

이 책에는 크고 작은 번아웃을 이겨내며 성장해 온 여행 크리에이터의 진짜 모습이 담겨 있다. 단지 팔로워를 늘리는 팁뿐만 아니라, 크리에이터로 성장하는 과정에서 마주친 수많은 흔들림과 불안을 솔직하게 나눠보고 싶었다. 그리고 '써니앤쎄이'라는 이름 뒤에 가려진 인간 강은빈의 이야기와 여행지에서 겪고 느낀 순간들도 함께 담아보려 했다.

나는 대형 크리에이터도, 수십만 수백만 팔로워를 가진 스타도 아니다. 하지만 누군가에겐 우리만큼 성장하는 것이 목표일 수도 있다는 생각에, 이 기록이 작은 길잡이가 되기를 바라는 마음으로 글을 썼다. 현실과 이상 사이를 수없이 오가게 될지도 모른다. 그러니 이 책을 펼치기 전 마음의 준비를 살짝 해두시길!

보이는 게 다가 아닌 직업, 힘들지만 가치 있는 직업, 여행 크리에이터.

여행을 사랑하는 나의 마음이 이 글을 통해 당신에게도 닿기를.

Contents

3장 여행 크리에이터로 살아남기

이 책을 본격적으로 읽기 전, 간단하게나마 우리를 소개하려 한다.
우리의 활동명은 써니앤쎄이(Sunny&Say)다.

써니 = 남편 / 쎄이 = 아내.

영어 닉네임을 살려서 만든 활동명인데 'Sunny'라는 이름이 보통 여자 이름인 경우가 많고, 'Say'라는 단어를 이름으로 쓰는 경우가 거의 없어서 많이들 혼동한다. 남편의 이름 '영선'의 '선'을 살려서 '써니'라는 영어 이름을 쓰고 있고, 아내인 나는 스타벅스에서 근무하던 시절 닉네임이었던 '쎄이'를 그대로 쓰고 있다.

앞으로 '써니'가 약 128번 등장할 텐데, 그때의 써니는 남편이라는 사실! 꼭 잊지 않기로 약속!

사진 찍는 남편과 콘텐츠를 만드는 아내

에겐남과 테토녀

INFJ 남편과 ENTP 아내

집돌이 남편과 밖순이 아내

변대리와 강부장

　우리 부부를 떠올릴 수 있는 단어들을 생각나는 대로 써보았다. 이 책을 다 읽고 나면 이 수식어들이 왜 붙었는지 저절로 이해가 될 것이다. 흐흐.

　자 그럼 써니앤쎄이와 함께 떠나봅시다! 렛츠 고-!

1 장

여행 크리에이터가 하는 일

눈길을 사로잡는 예쁜 사진과 알차고 꼼꼼한 정보를 꾸준히 업로드했더니,

팔로워가 쭉쭉 늘기 시작했다. 각종 여행 커뮤니티에서도 내 사진을

공유하고 싶어 했다. 지금은 여행 커뮤니티에 내 콘텐츠가 올라가도

팔로워 유입이 잘 되지 않지만, 이때만 해도 팔로워 유입이 엄청 잘 됐다.

커뮤니티에 내 콘텐츠가 업로드될 때마다 팔로워가 쭉쭉 늘었다.

여행 크리에이터는 무슨 일을 할까?

　여행 + 크리에이터 = 말 그대로 여행에 대한 콘텐츠를 창작해 내는 직업이다. 여행이 포함하는 카테고리는 숙소, 맛집, 관광지, 체험, 촬영 기법 등 굉장히 다양해서, 이런 콘텐츠를 담아내는 것이 우리의 일이다. 조금 더 구체적으로, 여행 크리에이터가 하는 일들을 살펴보자.

　　첫 번째, 내 콘텐츠를 보고 여행을 떠나고 싶게끔, 여행지의 모든 것을 사진으로, 영상으로 담아 공유하는 일이다. 콘텐츠를 만들 때는 정보도 함께 요약하는 게 좋은데, 나는 인스타그램을 작은 블로그라고 생각하며 최대한 알차게 정보를 요약한다.

　　두 번째, 지금 당장 떠날 수 없는 팔로워들에게 대리만족을 시켜주는 일이다. 예쁘고 멋진 곳이나 쉽게 갈 수 없는 곳을 내가 대신 여행하며 그곳의 현장감을 생생하게 전달하는 것도 중요하다. 실시간 여행

스토리, 그곳에서 생긴 에피소드, 그곳에서 만난 사람들, 그곳의 음식 등 여행지에서 내가 느낀 모든 것을 공유하는 것이다.

세 번째, 새로운 여행 스팟 및 포토존을 발굴해 내는 일이다. 사람들에게 이미 알려진 유명한 곳일지라도 나만의 시선으로 담아 더 아름답게 전달하거나, 비교적 덜 알려진 스팟에 가서 그곳을 알리고 새로운 포토존을 발굴해 낸다. 그러다 보니 어떻게 찍어야 예쁠지를 고민하는 버릇이 생겼다. 한 장의 아름다운 메인 컷을 위해 수십 장을 찍고, 고르고, 보정한다.

네 번째, 여행과 관련된 정보를 제공한다. 꼭 여행지와 관련되지 않더라도, 여행과 관련된 정보라면 그게 무엇이든 도움이 되는 정보를 공유한다. 예를 들어 항공권 저렴하게 구매하는 팁이라든지, 짐 싸기 팁이라든지, 여행과 관련된 새로운 프로모션에 대한 정보나 각종 축제 소식이라든지. 실제로 여행사나 관광공사 등 여행과 관련된 업체에서 새로운 이벤트를 오픈할 때도 협업 문의를 하는 경우가 많다.

마지막으로, 나를 좋아해 주는 팬들과 소통하며 일상을 공유하는 것 또한 여행 크리에이터의 일이라고 생각한다. 찐팬이 많을수록 좋은 건 당연지사!

처음 수익이 난 후부터 지금까지

인스타그램을 본격적으로 키워야겠다고 결심하고 나니, 무엇부터, 어떻게 해야 할지 감이 안 잡혔다. 그러던 중 제주에서 유명한 인플루언서를 만날 기회가 생겼다. 함께 식사하는 자리였는데, 식사를 마치고 이야기를 나누다 그 친구에게 조언을 구했다. 여행 인플루언서가 되고 싶은데 어떻게 해야 할지 모르겠다고. 그랬더니 그 친구가 내 인스타그램 계정을 쭉 보더니 이렇게 말했다.

"누군가 내 계정에 들어왔을 때의 첫인상이 가장 중요해요. 예쁘거나 눈을 사로잡는 콘텐츠로 잘 정돈되어 있는 모습이어야 팔로우를 하고 싶을 테니까요. 그런데 지금은 평범한 사람의 휴대폰 앨범을 둘러본 느낌이에요."

들고 보니 정말 그 말이 맞았다. 나조차도 누군가의 계정에 처음 들어갔을 때 개인 사진첩 같은 느낌이 들면 팔로우를 하지 않으니까.

이때부터는 피드에 올릴 메인컷에 대한 고민을 정말 많이 했다. 어떻게 올려야 예쁠지 미리 배열을 맞춰보기까지 했다. 사진 색감도 조금 더 밝게, 알록달록하게 보정했다. 커플사진 위주로 올렸으며, 뒷모습과 앞모습을 번갈아 가며 올렸다. 특히 제주 어딘가에 꽃이 피었다는 소식이 들리면 누구보다 빠르게 그곳에 찾아가 사진을 찍고 정보를 담아 업로드했다.

지금이야 정보를 주는 사람들이 너무 많지만, 내가 처음 인스타그램을 키우던 이 시절에는 많지 않았다. 나는 인스타그램을 작은 블로그라고 생각하고, 블로그에 길게 쓰는 정보를 인스타그램 버전으로 요약하고 또 요약했다. 짧고 굵게 핵심만 전달한다는 생각으로!

눈길을 사로잡는 예쁜 사진과 알차고 꼼꼼한 정보를 꾸준히 업로드 했더니, 팔로워가 쭉쭉 늘기 시작했다. 각종 여행 커뮤니티에서도 내 사진을 공유하고 싶어 했다. 지금은 여행 커뮤니티에 내 콘텐츠가 올라가도 팔로워 유입이 잘 되지 않지만, 이때만 해도 팔로워 유입이 엄청 잘 됐다. 커뮤니티에 내 콘텐츠가 업로드될 때마다 팔로워가 쭉쭉 늘었다.

그렇게 예쁜 사진과 알찬 정보가 담긴 내 콘텐츠가 조금씩 알려지면서 협찬 연락이 오기 시작했다. 처음에는 업체에서 이용권이나 식사권 제공, 숙소 제공 등 무료로 제공받아 그곳을 소개해 주는 콘텐츠부터 만들었다. 그곳까지 이동하는 시간과 비용을 생각해 보면 오히려 적자였지만, 초반 투자라 생각했다.

그러다 어느 순간부터는 원고료를 받기 시작했다. 5만 원, 10만 원부터 시작해서 지금은 이동 거리와 촬영 시간에 따라 건당 최대 400만 원까지 받기도 한다. 여기서 말하는 원고료는 협찬받는 제품 또는 장소에 대한 비용을 제외한 오로지 원고료만을 말하는 금액이다. 크리에이터마다 적정 원고료는 얼마인지, 어떻게 해야 내 몸값을 올릴 수 있는지는 뒤에서 더 자세히 다루기로 하겠다.

여행으로 수익을 낼 수 있는 분야 & 방법

콘텐츠가 돈이 되는 세상인 만큼 여행으로 수익을 낼 수 있는 종류와 방법도 다양한데, 그중 가장 대표적인 것들을 정리해 보았다.

1. SNS 내 수익 : 애드센스(유튜브) / 애드포스트(블로그) / 보너스(인스타그램)
2. 광고 수익 : 각종 브랜드와의 협업을 통한 광고 수익(여행/숙소/카페/장소/패션/제품 등)
3. 공동구매 수익 : 각종 브랜드와 소비자 사이의 중간다리 역할
4. 제휴마케팅 : 콘텐츠에 삽입한 링크에서 수익이 발생하면 수수료를 받는 형식
5. 여행/관광 관련 기관과의 협업(ex.관광청, 관광공사, 지자체 등)
6. 여행 사진 및 영상 납품
7. 투어 인솔(여행 가이드, 호스트 등)
8. 여행 강연(오프라인/온라인)
9. 여행 도서 출간(전자책)
10. 여행 관련 방송 출연
11. 여행/관광 상품 컨설팅
12. 여행 자료 판매(여행 정보 PDF 등)

이 외에도 더 많은 종류와 방법이 있겠지만 가장 대표적인 건 이 정도이고, 보통 수익의 가장 큰 부분을 차지하는 건 광고 수익이다. 여행과 연관되는 카테고리가 많은 덕분에 여행, 숙소, 카페, 식당, 팝업, 패션, 제품 등등 다양한 분야로 광고가 연결될 수 있다. 찐팬이 많은 경우에는 공동구매 수익이 가장 큰 비중을 차지하기도 하고, 투어 인솔을 많이 하는 인플루언서라면 인솔 비용이 가장 큰 비중을 차지할 수도 있다. 각 인플루언서마다 특징이 다 다른데, 내 경우에는 광고 수익과 여행 관련 기관과의 협업을 통한 수익의 비중이 가장 크다.

그럼 이제부터 여행 크리에이터가 되기 위해 알아야 할 기본적인 정보와 나만의 노하우를 풀어보려고 한다.

2장

인스타그램
이해하고 활용하기

'어떤' 정보를 주느냐보다 '누가' 그 정보를 주느냐가 더 중요해졌다.

아무리 유익한 정보라도 콘텐츠 속 '사람'이 매력적으로 느껴질 때

팔로워 전환이 더 빠르게 일어난다. 결국 사람들은 정보를

소비하는 게 아니라, 사람을 구독하는 시대에 살고 있다.

인스타그램 어플 이해하고 활용하기

여행 크리에이터가 되기 위해 SNS 계정을 키울 때는 아무것도 모른 채 무작정 시작하기보다, 어떻게 해야 할지를 먼저 알고 시작하는 것을 추천한다. 지금부터 인스타그램 위주로 설명을 할 텐데, 블로그도, 유튜브도, 틱톡도 각 플랫폼의 특징이 조금씩 다를 뿐, 맥락은 거의 비슷하다고 보면 된다. 다만 SNS 시장은 끊임없이 빠르게 변화하기 때문에 참고하는 정도로 보는 것을 추천한다.

우선, 계정을 키울 때 필요한 순서를 요약해 보면 아래와 같다.

1. 인스타그램의 특성, 알고리즘 이해하기

2. 콘셉트 잡기, 퍼스널 브랜딩

3. 피드의 톤 앤 매너를 맞추기

4. 계정 세팅 방법

5. 내 콘텐츠 점검

6. 꾸준한 소통, 스토리 활용하기

7. 사진/영상 촬영 팁 및 추천 어플

8. 콘텐츠를 기획하는 방법과 순서(*중요)

9. AI 활용은 선택 아닌 필수

10. 인사이트 분석

인스타그램의 특성, 알고리즘 이해하기

인스타그램 = 알고리즘의 복합체라고 해도 무방할 정도로, 인스타그램의 모든 콘텐츠는 알고리즘에 의해 노출이 결정된다. 그렇다면 '알고리즘'이란 뭘까?

쉽게 말해, AI가 우리가 올린 콘텐츠를 판단하여 이 콘텐츠를 좋아할 만한 사람에게 노출시켜 주는 것이다. 이때 AI가 무작정 판단하는 게 아니라, 몇 가지 행동 데이터를 기준으로 판단하는데, 예를 들어 사람들이 이 게시물을 얼마나 오래 보는지, 좋아요나 댓글을 남기는지, 공유하거나 저장하는지 등을 보고 이 콘텐츠가 좋은 콘텐츠인지 아닌지를 판단하는 것이다. 그리고 좋다고 판단된 콘텐츠는 더 많은 사람에게, 더 넓게 퍼지게 된다.

그래서 이 알고리즘을 이해하고 활용하는 것이, 단순히 예쁘고 멋지게 콘텐츠를 올리는 것보다 더 중요해졌다. 인스타그램의 알고리즘은 크게 4개의 탭에서 작동하는데, 아래의 정보를 참고하는 게 좋다.

홈피드 탭

팔로워 중심의 탭으로, 내가 팔로우 한 사람들의 콘텐츠+인스타그램의 추천/광고 콘텐츠를 보여준다.

좋아요/댓글이 많을수록 더 노출시켜 주는 알고리즘

탐색 탭

팔로워와는 상관없는 탭으로, 내가 팔로우 안 한 사람+팔로우 한 사람의 콘텐츠를 랜덤으로 보여준다.

저장/공유가 높을수록 더 노출시켜 주는 알고리즘

릴스 탭

관심사에 따라 자동 노출되는 콘텐츠(내가 자주 보는 형식 or 좋아할 만한 콘텐츠)

초반 시청 시간이 높고 공유가 많이 되는 틱톡 느낌의 콘텐츠를 더 노출시켜 주는 알고리즘

스토리 탭

소통을 기반으로 하는 알고리즘(투표, 질문 등 스토리 기능을 활용하여 반응이 좋으면 노출도 증가)

참고로 이 정보는 언제 어떻게 바뀔지 모른다는 것도 유념하자. 인스타그램의 알고리즘은 끊임없이 바뀌고, 업데이트 되니까.

하지만 이렇게 빠르게 변화하는 SNS 시장에서도 변하지 않는 불변의 법칙이 있다.

알고리즘이 좋아하는 콘텐츠는, 인게이지먼트(좋아요/댓글/저장/공유)가 높은 콘텐츠라는 것이다.

인게이지먼트가 높게 나오는 콘텐츠 유형은 아래와 같다.

　　　1) 초반에 시선을 사로잡는 콘텐츠

　　　2) 재미있는 콘텐츠

　　　3) 정보가 풍부한 콘텐츠

　　　4) 공감을 불러일으키는 콘텐츠

　　　5) 따라 하고 싶은 콘텐츠

지난 몇 년간 크리에이터를 하며 가장 크게 느낀 변화는, 사람들이 더 이상 길고 느린 콘텐츠에 머물지 않는다는 것이다. 3초 안에 흥미를 끌지 못하면 스크롤이 바로 다음으로 넘어간다. 유튜브, 인스타그램, 틱톡, 네이버까지…. 모든 플랫폼에서 숏폼 영상이 쏟아지고 정보가 넘쳐난다.

그런데 그 속에서 사람들이 끝까지 기억하는 건 결국 '사람' 자체라는 걸 뼈저리게 느끼고 있다. '어떤' 정보를 주느냐보다 '누가' 그 정보를 주느냐가 더 중요해졌다. 아무리 유익한 정보라도 콘텐츠 속 '사람'이 매력적으로 느껴질 때 팔로워 전환이 더 빠르게 일어난다. 결국 사람들은 정보를 소비하는 게 아니라, 사람을 구독하는 시대에 살고 있다. 그렇다면 어떻게 해야 '나'라는 사람을 브랜드화할 수 있을까?

카테고리 및 콘셉트 정하기

'크리에이터'가 되는 것이 목표라면, 내가 가장 잘 보여줄 수 있는 콘셉트를 정하는 것이 첫 번째다. 누군가 내 계정에 처음 들어왔을 때 내 계정의 콘셉트가 명확해야 나를 팔로우 하고 싶어지기 때문이다. 앞서 말했듯, 개인 사진첩을 보는 느낌이 들면 안 된다. 내가 한 분야에서 전문적이라는 느낌을 심어줄 수 있도록, 피드를 잠깐 보더라도 '이 사람은 뷰티에 관심이 많구나' '이 사람은 여행을 많이 다니는구나'를 알 수 있도록 비슷한 결의 콘텐츠를 업로드하는 것이 중요하다. 아래는 크리에이터들이 많이 선택하는 카테고리를 나눠보았다.

주 카테고리	세부 카테고리
여행	해외여행 / 국내여행 / 숙소 리뷰 / 여행 꿀팁 / 항공·교통 / 커플·가족 여행 / 여행 브이로그 / 전시·공연·팝업스토어
건강	운동 루틴 / 홈트레이닝 / 다이어트 / 식단 관리 / 건강 정보 / 영양제 / 명상·멘탈 관리
패션	데일리룩 / 스타일링 팁 / 쇼핑 하울 / 브랜드 리뷰 / 패션 트렌드 / 체형별 코디
뷰티	메이크업 튜토리얼 / 스킨케어 / 제품 리뷰 / 헤어 / 네일 / 피부 관리 팁
푸드	요리 / 레시피 / 먹방 / 카페 탐방 / 식당 리뷰 / 건강식 / 푸드스타일링

라이프스타일	일상 브이로그 / 셀프 인테리어 / 반려동물 / 독서 / 자취생활 / 플랜·기록·취미
콘텐츠/디자인	영상 편집 팁 / 사진 보정 / 콘텐츠 기획 / SNS 운영 / 앱 추천 / 템플릿 공유
자기계발	공부 / 생산성 / 목표 설정 / 글쓰기 / 독서 노트 / 루틴 만들기
육아/가정	육아 일상 / 육아 팁 / 아이템 추천 / 임신·출산 / 가족 브이로그 / 워킹맘 라이프
경제/재테크	소비 패턴 / 저축 / 가계부 / 투자 / 부업 정보 / 창업 / N잡러 이야기
교육/정보	외국어 / 공부법 / 자기계발 정보 / 교육 정보 / 자격증 준비 / 노하우 공유
취업/커리어	이직 / 회사생활 / 포트폴리오 / 프리랜서 / 원격 근무 / 직장인 브이로그

이 외에도 더 많은 카테고리가 있을 거라 생각한다. 내 계정의 콘셉트를 잡기 위해 가장 먼저 했던 것은, 나를 들여다보는 것이었다. 내가 어떤 사람인지, 무엇을 잘하고 무엇을 즐겨 하는지, 무엇이 나의 강점인지 등등. 이 계정을 단순한 취미용이 아닌, 수익용으로 만들기 위해서는 퍼스널 브랜딩이 가장 중요하다는 것을 잊지 말자.

혹시 카테고리를 정하는 것이 어렵게 느껴진다면, 종이를 꺼내 마인드맵을 그려보는 것도 좋다. 내가 좋아하는 것이 무엇인지, 내가 잘하는 것은 무엇인지, 지금 내가 활용할 수 있는 것은 무엇인지 등등. 내 경우에는, 나는 여행을 좋아하고, 내가 느낀 팁과 정보를 요약하는 것을 잘한다는 것을 알게 됐다. 그리고 남편과 함께 커플 콘텐츠를 만들 수 있고, 당시에 제주에 살고 있어서 제주에 대한 실시간 정보를 줄 수 있다는 점도 중요 포인트였다. 어느 정도 정리가 되고 나서는 이것들을 키워드로 적어봤다. 수많은 키워드 중에 가장 대표할 만한 3개의 키워드를 꼽았다.

#여행 #커플 #제주

이렇게 키워드를 정한 뒤부터는 콘텐츠를 만들거나 계정을 운영하는 것이 훨씬 수월해졌다. 내 계정의 색깔이 뚜렷해졌기 때문이다. 키워드가 명확하면 팔로워가 빨리 느는 장점도 있지만, 그보다 더 중요한 건 광고로 연결되기 쉬워진다는 점이다. 비슷한 주제의 콘텐츠가 쌓이면 그 자체가 포트폴리오가 되고, 자연스럽게 광고주의 러브콜로 이어질 수 있다.

내가 잘할 수 있는 카테고리와 키워드를 정했다면, 다음 단계는 해당 분야에서 활동 중인 롤모델 2~3명을 정해보는 것이다. 무작정 시작하기보다, 롤모델의 콘텐츠 흐름이나 스타일을 참고하면서 나만의 방식으로 적용해 보면 성장 속도가 훨씬 빨라진다. 물론, 롤모델을 그대로 따라 하는 것이 아니라, 그 사람의 방식을 이해하고 나만의 색으로 녹여내는 것이 중요하다.

결국 계정을 빠르게 성장시키고, 수익으로 이어지게 만드는 핵심은 '나만이 가진 특징, 매력, 강점'을 콘텐츠에 잘 녹여내는 것이다. 나라는 사람을 브랜드화하고, 그 가치를 높여 수익으로 연결하는 일은 쉬운 일은 아니지만, 불가능한 일도 아니다. 끊임없이 공부하고 성장하며, '나'라는 브랜드를 세상에 알리는 일에 도전해 보자!

피드의 톤 앤 매너 맞추기

피드만 보고도 나를 팔로우하고 싶게 만들려면, 콘셉트와 콘텐츠의 일관성이 무엇보다 중요하다. 예를 들어, 내 인스타그램의 과거와 현재를 비교해 보면 왼쪽은 처음 시작했을 때의 피드이고, 오른쪽은 여행 크리에이터가 된 이후의 모습이다. 초창기 피드는 개인 사진첩처럼 보여 전문성도 매력도 느껴지지 않는다. 반면 오른쪽 사진은 계절감 있는 풍경, 일정한 톤, 깔끔한 구성이 더해져 클릭해 보고 싶은 피드가 되었다.

누군가 탐색 탭에서 내 콘텐츠를 접했을 때, 퀄리티가 높거나, 정보를 제공해 주거나, 그 사람만의 매력이 드러나는 콘텐츠라면 이 계정이 궁금해질 것이다. 그리고 계정을 클릭했을 때 피드가 전반적으로 일관되고 매력적이라면, 자연스럽게 팔로우로 이어진다.

즉, 콘텐츠->프로필 방문->팔로우 이 흐름이 매끄럽게 연결되도록 만드는 것이 핵심이다. 솔직히 말하면 이건 나에게도 아직 어려운 일이다. 그래서 더더욱 이 세 가지를 기억하려 한다.

① 피드의 톤 앤 매너 ② 그 사람만의 매력
③ 콘텐츠의 퀄리티or정보성

*요즘은 피드의 톤 앤 매너가 맞지 않더라도 사람이 매력적이면 팔로우로 연결되는 경우도 많기 때문에, 이 부분은 참고 정도만 하시기를!

계정 세팅 방법

계정의 인사이트(인게이지먼트)를 확인하려면 가장 먼저 해야 할 일은 프로페셔널(크리에이터) 계정으로 전환하는 것이다. 누구나 손쉽게 전환할 수 있으며, 이때 직군을 나타내는 카테고리를 선택하게 된다. ex) 동영상 크리에이터, 디지털 크리에이터, 사진가, 블로거, 음악가, 작가, 교육 등.

자신의 콘셉트와 가장 잘 맞는 카테고리를 선택해 계정을 전환하면, 게시물, 릴스, 전체 계정에 대한 인사이트를 확인할 수 있다. 예를 들어, 팔로워들의 주요 거주 지역, 연령대, 성별, 가장 활동이 많은 시간대 등을 확인 할 수 있고, 이 데이터를 바탕으로 타깃에 맞는 콘텐츠 전략을 세우면 계정 성장에 도움이 된다.

취소
프로필 편집
완료
사진 또는 아바타 수정
이름
쎄이의 에쎄이
사용자 이름
says_essay
성별 대명사
성별 대명사
소개
Say's essay ✍🏻
쎄이가 끄적이는 조금은 사적인 공간 ✨
여행 정보, 커플 사진은 👉🏻
링크
1 >
성별
성별 >
프로페셔널 계정으로 전환
개인정보 설정

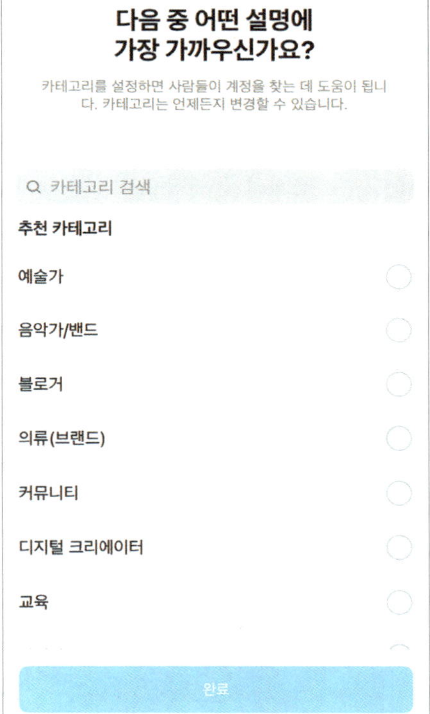

다음 중 어떤 설명에 가장 가까우신가요?
카테고리를 설정하면 사람들이 계정을 찾는 데 도움이 됩니다. 카테고리는 언제든지 변경할 수 있습니다.
카테고리 검색
추천 카테고리
예술가
음악가/밴드
블로거
의류(브랜드)
커뮤니티
디지털 크리에이터
교육
완료

콘텐츠 점검하기

프로페셔널 계정으로 전환했다면, 이제는 내 콘텐츠가 어떤 반응을 얻고 있는지 점검할 차례다. 방법은 간단하다. 각 콘텐츠의 '인사이트 보기'를 누르면 아래 정보를 확인할 수 있다.

조회 ⓘ

7.7%
팔로워

92.3%
팔로워가 아닌 사
람

주요 조회 출처

탐색 탭   42.7%
피드   33.6%
프로필   20.0%
검색   3.4%
스토리   0.1%

도달한 계정   48,572

반응 ⓘ

8.4%
팔로워

91.6%
팔로워가 아닌 사
람

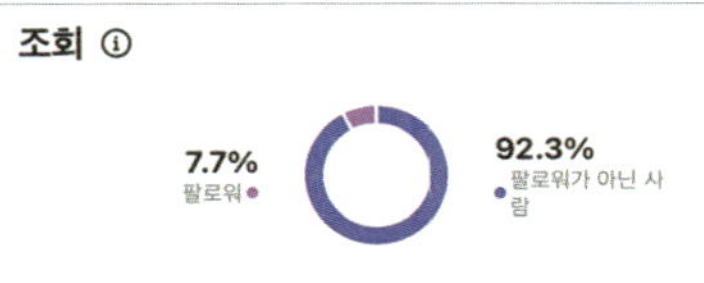

슬라이드에서 얻은 좋아요 횟수
화면에 표시된 사진 또는 동영상을 기준으로 함

341   183   72   48

저장   2,655
공유   1,125
좋아요   1,020
댓글   100
리포스트   35

프로필 활동 ⓘ   618

프로필 방문   520
팔로우   96
외부 링크 누름   2

타겟 ⓘ

성별   국가   연령

35.9%
남성

64.1%
여성

Facebook ⓘ

조회   2
공감   0
댓글   0

- 콘텐츠 노출 범위
- 좋아요 / 댓글 / 공유 / 저장 수
- 주요 조회 출처(릴스탭/탐색탭/피드/프로필/스토리/검색 비율)
- 총 시청 시간 / 평균 시청 지속 시간 / 첫 3초 이후 조회율
- 이 콘텐츠를 통해 프로필을 방문한 사람 수
- 이 콘텐츠를 통해 나를 팔로우한 사람 수

이런 데이터를 꾸준히 분석하다 보면 어떤 콘텐츠가 인기가 많고 어떤 스타일이 내 계정과 잘 맞는지 파악할 수 있다. 그리고 내 계정의 특징도 알 수 있다. 예를 들면 이런 거다.

- 릴스가 더 반응이 좋거나 vs 게시글이 더 반응이 좋거나
- 1~2장의 사진이 반응이 좋거나 vs 5장 이상의 여러 장이 반응이 좋거나
- 인물이 등장할 때 반응이 좋거나 vs 풍경만 나올 때 반응이 좋거나

내 경우에, 릴스보다는 게시글이, 한두 장보다는 여러 장의 사진이, 인물이 혼자 있는 것보다는 커플이 함께 등장하는 콘텐츠가 더 반응이 좋은 편이다.

일반적으로 인스타그램은 사용자가 더 오래 머무는 콘텐츠를 선호한다. 그래서 한두 장의 사진보다는 여러 장이 들어간 콘텐츠를 좋아하고, 풍경만 나오는 것보다는 인물이 포함된 콘텐츠가 잘 노출된다.

하지만 이것이 절대적인 기준은 아니다. 계정마다 잘 맞는 콘텐츠 스타일은 다르기 때문에, 결국 중요한 건 내 계정을 꾸준히 관찰하고 분석하는 것이다.

꾸준한 소통, 스토리 활용하기

소통은 모든 SNS에서 가장 중요한 요소 중 하나다. 팔로워들과 활발히 소통할수록 계정 지수가 높아지고 노출도 더 잘 된다. 인스타그램에서는 [좋아요/댓글/공유/저장/프로필방문] 등 다양한 행동이 게시물 노출에 영향을 미친다.

이 중에서 내가 직접 결과를 만들어낼 수 있는 건 [댓글]이라고 생각한다. 비슷한 관심사를 가진 크리에이터의 게시물에 선댓글을 남기거나, 내 게시물에 댓글을 달아준 사람에게 답방을 가는 등의 활동은 상대방의 재방문을 유도할 수 있기 때문이다.

반면 [좋아요/공유/저장/프로필방문]은 전적으로 상대방의 선택에 달려 있어 내가 직접 컨트롤 하기 어렵

다. 그래서 가능한 한 댓글 중심의 소통을 공략하는 걸 추천한다. 또한 꾸준한 댓글 소통은 다른 크리에이터와 친분을 쌓거나, 충성도 높은 팬층의 확보로 이어지기도 한다.

▲ 하이라이트 스토리도 만들어두기

◀ 스토리를 다양하게 자주 올리기

팔로워들과 소통할 수 있는 또 다른 방법은 '스토리'를 활용하는 것이다. 스토리는 24시간만 노출되기 때문에 피드에 올리기 부담스러운 일상도 편하게 공유할 수 있다. 이 덕분에 팔로워들은 크리에이터를 더 가깝게 느끼고, 소통 역시 자연스럽게 이루어진다.

스토리가 잘 활성화되어 있다면, 그만큼 내 스토리가 많은 사람에게 노출되고, 스토리로 팔로우가 유입되기도 한다. 심지어 스토리 광고가 들어오기도 한다.

여기서 한 가지 재밌는 사실은, 팔로워 수가 많다고 해서 스토리 조회수도 높은 것은 아니다. 나보다 팔로워 수가 훨씬 많은 한 인플루언서 친구가 내 스토리 조회수를 보고 깜짝 놀란 적이 있다. 그 이유는 생각보다 단순했다. 그 친구는 스토리를 게시글 홍보용으로만 활용했기 때문이다. 하지만 팔로워들이 진짜 궁금해하는 건, 게시글이 올라왔다는 소식보다 피드에서는 볼 수 없었던 크리에이터의 일상과 사람 그 자체다. 완성된 콘텐츠만 올리려 하지 말고, 실시간 여행기, 소소한 일상, 그때그때 나의 감정이나 생각 등 가볍지만 진솔한 내용을 스토리로 공유해보자. 그게 오히려 팔로워들과 가까워지는 가장 빠른 길일지도 모른다.

사진/영상 촬영 기술

　여행 크리에이터라면, 여행지의 풍경과 인물을 '현장감 있게' 담아 내는 것이 중요하다. 그리고 그 콘텐츠의 인상을 결정짓는 핵심은 바로 사진과 영상의 퀄리티다. 전문 장비가 있다면 좋겠지만, 요즘은 스마트폰 하나로도 충분히 감각적인 사진과 영상을 촬영할 수 있다. 중요한 건 장비보다 콘텐츠를 어떻게 구성하고, 어떻게 보여줄 것인지에 대한 '센스'다. 또한 촬영만 잘 한다고 퀄리티가 높아지진 않기 때문에 보정은 선택이 아닌 필수다. 아래는 크리에이터들이 가장 많이 사용하는 보정 어플 예시다.

사진 편집 어플 추천(스마트폰 어플 위주)

구분	어플 이름	특징 및 활용
색감/전문	Adobe Lightroom	정교한 색감 보정 및 RAW 파일 작업, 시네마틱한 풍경 보정
감성/필터	VSCO	독보적인 필름 감성 필터로 인스타그램 피드 무드 통일
디자인/홍보	Canva	템플릿 기반 텍스트 디자인, 홍보물 및 썸네일 제작 최적
종합/AI	Epik(에픽)	최신 유행 스티커 및 다양한 템플릿, AI 피부 보정/메이크업, 배경 제거 등
국민/트렌드	SNOW(스노우)	AI 효과 및 최신 유행 필터, 릴스/챌린지용 촬영 및 효과 적용
내추럴/데일리	SODA(소다)	맑고 투명한 피부 표현, 자연스러운 데일리 셀카 및 고화질 촬영
성형/포즈	Ulike(유라이크)	세밀한 얼굴 교정 및 화면 가이드를 활용한 촬영 포즈 도움
합성/편집	Picsart	배경 제거(누끼) 및 합성, 창의적인 콜라주와 그래픽 작업

영상 편집 어플 추천(스마트폰 어플 위주)

구분	어플 이름	특징 및 활용
대세/숏폼	CapCut(캡컷)	릴스·쇼츠 트렌드 1위, 방대한 템플릿과 자동 자막 기능 및 AI 내레이션 기능 압도적
브이로그	VLLO(블로)	한국 유튜버 선호도 최상, 직관적인 컷 편집과 예쁜 한국형 자막·스티커
쉬운 감성	VITA(비타)	네이버 제작 및 전 기능 무료, 클릭 한 번으로 완성되는 세련된 템플릿
정밀/전문	키네마스터	전문가급 레이어 편집 지원, 스마트폰으로 하는 가장 정교한 합성 및 편집
빠른 편집	InShot(인샷)	인스타그램 규격 맞춤 최적화, 조작이 단순해 데일리 영상 컷 편집에 유용

처음에 어떤 앱을 써야 할지, 보정은 어떻게 해야 할지 막막할 수 있다. 그럴 땐 유튜브, 인스타, 블로그에서 보정 튜토리얼이나 레퍼런스

를 찾아 따라 해보는 것부터 시작해 보자. 내가 선호하는 색감의 콘텐츠를 참고해 비슷한 분위기로 만들어보는 연습을 계속하다 보면 자연스레 나만의 보정 스타일과 루틴이 생길 것이다. 보정뿐만 아니라 촬영 구도, 줌인/줌아웃 같은 연출 요소도 퀄리티를 좌우한다. 사진은 찍는 것보다 어떻게 보여줄지를 고민하는 게 더 중요하다는 걸 꼭 기억해 두자.

다음은 사진 촬영 시 알아두어야 할 팁이다.

1) 가장 먼저 렌즈가 깨끗한지 확인하자

가장 흔하게 하는 실수 중 하나다. 여행지를 갈 때마다 주변에 있던 여행객들에게 사진 부탁을 많이 받았는데, 10명 중에 9명의 렌즈가 지문 범벅이었다. 손안에 들어오는 휴대폰 카메라 렌즈는 언제든 지문이 묻기 쉽기 때문에, 사진을 찍기 전에는 꼭!! 렌즈가 깨끗한지 확인하고 촬영하자.

나는 촬영하기 전에 하나의 '의식'처럼 렌즈를 확인하고 시작한다. 아주 기본적인 것이지만 가장 자주하는 실수 중 하나니까 명심 또 명심!

2) 격자를 활용한 구도 잡기 / 수평 수직 확인하기

휴대폰도 카메라도 격자를 설정해 두면 구도를 잡을 때도 유용하고, 수평 수직을 맞춰 찍기도 좋다.

특히 바닷가 같은 수평선이 있는 곳이나 직선이 많은 곳에서 유용하고, 인물을 어디에 배치해야 좋을지 감이 안 올 때도 도움이 많이 되니 격자는 꼭 설정해 두자.

아이폰 격자 설정 방법

1. 설정 앱들어가기

2. 아래로 내려서 카메라 클릭

3. 격자(Grid) 켜기

갤럭시 격자 설정 방법

1. 카메라 앱 실행

2. 상단 설정(톱니바퀴) 클릭

3. 수직/수평 안내선(Grid lines) or 격자 선택

3) 줌을 다양하게 활용하기, 인물사진모드 활용하기

줌을 당길수록 뒷배경이 커지는 효과를 이용해 보자. 멋진 배경일수록 효과는 극대화된다. 위 사진처럼 피사체를 앞쪽에 배치하고 뒤에 멋진 배경이 있을 때 줌을 활용하면 훨씬 더 눈을 사로잡는 사진을 찍을 수 있다.

다음으로 인물모드를 활용하는 방법인데, 인물모드는 줌이 되면서 배경이 흐려지는 아웃포커싱 효과가 있기 때문에, 피사체에 더 집중할 수 있다.

이 효과들은 인물 사진을 촬영할 때도 좋지만, 제품이나 음식 사진을 촬영할 때도 유용하게 사용할 수 있다.

4) 여러 구도로 촬영해 보기

위 사진은 같은 장소에서 다양한 구도로 담은 사진 4장이다. 같은 곳이지만 어떤 구도로 촬영하느냐에 따라 다른 느낌을 낼 수 있으니, 여러 구도에서 촬영해 보기를 추천한다. 공간을 촬영할 때는 내가 움직이며 구도를 바꿔보고, 카페 음료라던가, 방금 갓 나온 음식이라던가 제품 촬영을 할 때는 사물의 배열도 함께 바꿔가며 다양한 구도로 촬영해 보자. 정성 들여 많이 연습해 볼수록 당신의 촬영 실력도 빠르게 늘 것이다.

5) 인물 사진 촬영 팁 / 렌즈의 왜곡 활용하기

이 팁은 한마디로 키 커 보이고 비율 좋아 보이게 찍는 방법이다. 왼쪽 사진과 오른쪽 사진의 차이점은 뭘까? 같은 장소에서 찍었지만, 왼쪽 사진은 인물의 키가 작아 보이고, 오른쪽 사진은 훨씬 키가 커 보이는 동시에 시선도 확 끈다.

두 사진의 차이점은, 사진 구도상 인물의 위치다. 이건 렌즈의 왜곡을 이용한 건데, 중앙부일수록 피사체가 압축되고, 렌즈 가장자리 부분일수록 늘어나는 왜곡 현상을 이용한 것이다.

예를 들어 셀카 찍을 때 얼굴이 렌즈 가장자리에 오면, 오이처럼 길어지는 현상과 같은 원리다. 이걸 잘 활용해서 인물의 발끝이 화면 아래쪽에 오게 촬영하면, 다리가 길어 보이는 효과를 낼 수 있다. 여기서 주의할 점은 발끝이 너무 화면 끝에 딱 맞게 찍히면 나중에 후보정할 때 사진이 잘릴 수 있으니, 오른쪽 사진처럼 발끝과 화면 끝 사이에 살짝 여유 공간을 두는 걸 추천한다.

6) 인물 사진 촬영 팁 / 포즈보다는 표정

왼쪽과 오른쪽, 두 장의 예시 사진을 보면 한눈에 알 수 있다. 그렇다. 인물사진을 촬영할 때 가장 중요한 것은, 포즈가 아닌 표정이다. 자연스러운 표정일수록 보는 사람도 사진을 편안하게 느끼고, 밝은 표정일수록 보는 사람도 기분이 좋아진다. 이 예시 사진들은 실제로 우리가 타이머를 맞춰두고 촬영하다가 찍힌 사진인데, 왼쪽 사진은 길어지는 촬영이 힘들어서 잠깐 시무룩해졌을 때 찍힌 사진이다. 오른쪽 사진은 얼른 끝내자며 서로 웃겨주고 활짝 웃을 때 찍힌 사진이다.

분명 포즈도 비슷하고 배경도 똑같은데, 표정 하나로 차이가 엄청 큰 것을 확인할 수 있다. 사진 찍히는 게 어색하다면 서로 웃겨주거나, 혼자일 때는 살짝 미소를 짓는 것만으로도 충분하니 표정에 신경 쓸 것! 여기에 장소와 어울리는 의상을 미리 준비해 가면 훨씬 더 퀄리티 높은 결과물을 얻을 수 있다.

7) 인물 사진 촬영 팁 / 피사체에 대한 애정

인물 사진은 찍는 사람과 찍히는 사람이 모두 중요하다. 그중에서도 찍는 사람이 가장 중요하게 생각해야 하는 것은 바로, 피사체에 대한 애정이다. 피사체에 대한 애정이 없이 셔터만 마구 눌러대는 사진은 메모리 용량을 줄이는 데다, 수십 장 수백 장의 사진 중 잘 나온 A컷을 고르는 일도 더 힘들어진다. 피사체에게 애정을 얼마나 쏟았는지는 사진을 보는 사람도 느낄 수 있다. 사람이든, 사물이든, 동물이든 가리지 말고 피사체를 애정 어린 눈빛으로 바라보며 어떻게 찍어야 더 예쁘게 찍어줄 수 있을지를 먼저 고민하고 셔터를 눌러보자. 결과물의 퀄리티가 확연하게 좋아질 것이다.

8) 숙소 촬영 팁

여행에서 빠질 수 없는 요소 중 하나가
바로 숙소다. 숙소만 전문적으로 소개하는
인플루언서도 있을 정도로, 숙소 콘텐츠의
비중이 점점 커지고 있다. 숙소 촬영을 할
때는 촬영 전에 그 숙소의 가장 큰 장점을
미리 파악해 두는 것이 좋다. 예를 들어 수
영장이 넓은 숙소라면, 그 규모를 한눈에
담을 수 있도록 촬영해 보자. 파라솔이나
선베드 같은 예쁜 구조물이나 소품이 있다
면 그것을 최대한 활용해서 더욱 감각적인
사진을 촬영할 수 있다. 만약 채광이 좋은
숙소라면 빛이 가장 예쁘게 들어오는 시간
대를 숙소 측에 미리 물어보고 그 시간에
촬영하는 것도 팁이다.

예시로 위의 수영장 사진은, 호텔에서 드
론 촬영이 불가능해서 발코니에서 줌을 당
겨 촬영한 사진이다. 수영장과 객실 간에
거리가 있었기 때문에 써니와 전화로 소통
하며 촬영을 진행했다. 수영을 잘하는 써니에게 수영장 한가운데로 수
영해달라고 부탁했고, 그 순간을 찰칵찰칵- 연속 사진으로 담아낸 결
과물이다. 고생했지만 결과가 잘 나와서 굉장히 만족했던 촬영이었다.

9) 기다림의 미학

　사람 없는 예쁜 사진을 찍고 싶다면 기다림은 필수다. 또는 사람이 적은 시간대를 노려서 가는 것도 방법이다. 보통 핫플에 갈 땐 이른 아침 시간을 선호하지만, 무조건 아침 일찍 가는 게 답은 아니다. 장소에 따라 사람이 비는 시간이 조금씩 다르기 때문이다. 앞서 이야기했던 호텔 수영장의 경우, 사람들이 체크아웃하고 점심을 먹으러 나가는 11시~12시 사이가 가장 한산했다. 이렇게 사람이 적은 시간대를 노려 촬영하거나, 요즘 발전된 AI 기능을 활용하여 원하는 부분을 지울 수도 있으니 이 기능도 잘 활용해보자.

　다음은 영상 촬영 시 알아두어야 할 팁이다.

0.5배줌

1배줌

3배줌

① 줌을 다양하게 활용해 보기

영상 촬영도 사진 촬영과 비슷한 원리가 적용된다. 스마트폰 영상만 해도, 0.5배/1배/2배/2.5배/3배/5배 등 다양한 줌 단계를 활용하면 같은 장소에서도 전혀 다른 느낌의 영상을 만들 수 있다. 상황에 따라 줌을 다양하게 활용해 보자.

② 시네마틱 모드를 활용해 보기

감성적인 영상 연출을 원한다면 시네마틱 모드를 활용하는 것이 좋다. 피사체에만 초점을 맞추고 배경은 흐릿하게 아웃포커싱 되는 이 기능은, 몰입감 있고 영화 같은 분위기를 낼 수 있다. 초점을 수동으로 선택할 수도 있어서 조금 더 감성적인 장면이 필요할 때 내가 자주 쓰는 기능 중에 하나다.

③ 카메라에 무빙을 주면 영상이 다채로워진다.

왼쪽에서 오른쪽으로 시선을 돌리듯, 카메라도 천천히 돌려보자. 가만히 고정된 상태로 찍을 때보다 더 넓은 시야를 담을 수 있다. 또는 뒤에서 앞으로 조금씩 걸어가 본다던가, 앞에서 뒤로 빠져본다던가 천천히 무빙을 주면 영상이 다채로워진다. 이때 주의할 점은 걸어가면서 카메라가 많이 흔들리지 않게 상체는 최대한 고정하고 하체만 움직이는 '닌자 스텝'으로 걷는 것을 추천한다.

④ 마지막으로 아주 기본적이지만 가장 중요한 점! 끝까지 집중하기

　사진은 단발성으로 찰칵 찍고 끝나지만, 동영상은 우리가 동영상 촬영 종료 버튼을 누르기 전까지 '연속성'을 띤다. 따라서 처음부터 끝까지 화면을 쳐다보며 집중해야 한다. 시선이 화면에서 벗어나는 순간 영상이 흔들리거나 앵글이 확 달라질 수 있으니 끝까지 집중하자!

여행 콘텐츠를 기획하는 방법

크리에이터 생활을 하면 할수록 중요하다고 느끼는 것이 있다. 그것은 바로~ 기획! 콘텐츠를 만들기 전에 얼마나 기획을 하고 만드는지에 따라서 그 콘텐츠의 퀄리티가 달라진다.

원래의 나는 즉흥형 인간이지만 일에 있어서는 계획형 인간이 되기 위해 노력하는데, 가장 첫 번째로 하는 것이 주제에 맞는 레퍼런스를 찾아보는 일이다. 예를 들어 지역 축제를 취재하러 가야 한다면, 작년 또는 재작년에 열렸던 축제는 어땠는지 앞서 발행된 콘텐츠들을 검색한다. 인스타그램과 블로그, 유튜브까지 다양한 플랫폼에서 정보를 수집하며 어떤 콘셉트로, 어떤 곳에서, 어떻게 촬영할지를 미리 머릿속으로 그려본다. 나만의 시뮬레이션을 돌려가며 어느 정도 구상을 한 뒤에는 이 콘텐츠에 내가 추가할 수 있는 게 어떤 게 있는지를 생각한다.

만약 릴스(숏폼)라면 인트로는 어떻게 할 것인지, 영상미를 강조할 것인지, 자막을 넣을 것인지 말 것인지, 내레이션을 넣을 것인지, 자막과 내레이션을 함께 넣을 것인지, 요즘 유행하는 챌린지를 따라 해볼 것인지 등등, 어떤 형식으로 콘텐츠를 잘 녹여낼 수 있을지 고민한다.

그다음 내레이션(또는 자막) 대본을 생각한다. 대본을 작성할 때는 초반 후킹 문구가 정말 중요하다. 이 영상을 더 보고 싶게 만들어야 하고, 3초 안에 시선을 끌거나 호기심을 자극해야 한다.

하지만 그곳이 실제로는 어떤 느낌일지, 내가 생각한 것들을 다 할 수 있을지, 촬영을 하기 전에는 알 수 없기 때문에, 대략적인 큰 틀만 잡아두고 촬영하면서, 또는 촬영을 마친 후에 영상을 쭉 보면서 최종 대본을 작성하는 편이다. 어떤 것을 먼저 할지는 각자의 스타일에 따라 다를 테니 참고만 하길 바란다.

그리고 나서 꼭 해야 하는 것은, 이동 거리 간 시간을 계산하는 것과, 예상 루트를 생각해 보는 것이다. 여러 곳의 관광지를 취재해야 할 경우에는 이 과정이 필수다. 관광지마다 운영시간이나 휴무일을 체크하는 것도 놓치면 안 된다. 여행지를 소개해 주는 콘텐츠라면 해당 여행지에 대한 이해도가 높을수록 좋다. 그러기 위해서는 미리 정보를 찾아보는 것이 필요하다.

다음으로 촬영 구도나 기법에 대해서 생각해 두는 것도 큰 도움이 되는데, 예를 들어 짚라인 같은 액티비티를 촬영할 때는 액션캠이나 360도 카메라 등, 액티비티에 특화된 카메라를 활용하는 것이 퀄리티를 확 높여주기도 한다.

어느 정도 구상을 마친 뒤에는 그 장소와 어울리는 옷을 고른다. 내 계정은 여행지와 인물이 함께 녹아나는 콘텐츠를 주로 만들기 때문에, 그곳과 어울리는 옷, 액세서리, 소품 등을 미리 생각해 두는 편이다. 우리는 커플(부부) 콘셉트이기에 비슷한 컬러의 커플룩을 선호한다.

그리고 또 한 가지 팁은, 릴스(숏폼)의 경우 배경음악을 미리 구상해 두면 영상을 편집하는 속도가 훨씬 빨라진다. 노래를 고를 때는 그곳의 이미지를 머릿속으로 계속 떠올리며 최대한 분위기가 잘 어울리는 노래로 고른다. 내레이션이 들어가는 경우에는 가사 없이 멜로디만 나오는 노래를 선호한다. 그래야 내 목소리에 더 집중이 될 테니까!

여행 콘텐츠를 제작하는 순서

1) 릴스/숏폼

	릴스/숏폼
촬영 전	1. 콘텐츠 주제 정하기(광고라면 광고주의 니즈를 확실하게 파악하기) 2. 주제에 맞는 영상의 콘셉트 정하기 3. 레퍼런스를 찾아보며 내 스타일로 각색하기 4. 인트로 정하기(후킹될 만한 영상/문구 등) 5. 내레이션 대본 만들기(대충 큰 틀만이라도) 6. 여행지 정보 찾아보기(그곳의 분위기, 이동 시간, 루트, 운영시간 등등) 7. 상황에 맞는 촬영 장비 준비하기(드론, 액션캠, 360도 카메라 등등) 8. 여행지와 어울리는 옷, 소품 준비하기 9. 주제 및 영상 콘셉트와 어울릴만한 BGM 고르기
촬영 중	1. 사전에 기획했던 것들 중 빠진 건 없는지 체크하기 2. 중간중간 촬영한 영상 정리 및 백업하기 3. 사전에 기획했던 게 아니더라도 현장감이 살아있거나, 4. 재밌는 상황이 생기면 놓치지 말고 틈틈이 촬영해 두기
촬영 후	1. 촬영한 영상을 쭉 보면서 쓸만한 영상 골라내기 2. 사전에 기획해 둔 콘셉트와 촬영해 온 영상의 분위기와 맞게 3. 대본 작성하기 4. 내레이션 녹음하기 5. 내레이션 or 자막 내용과 어울리는 영상 배치하기 6. 자막 스타일 정하기(폰트, 획, 그림자 등) 7. BGM과 효과음 넣기 8. 영상 색감 보정하기 9. 본문 내용 작성 후 SNS에 업로드하기

* 개인에 따라 순서가 다를 수 있으니 참고만 하세요.

2) 게시글/캐러셀(사진+영상)

	릴스/숏폼
촬영 전	1. 콘텐츠 주제 정하기(광고라면 광고주의 니즈를 확실하게 파악하기) 2. 주제에 맞는 촬영 콘셉트 정하기 3. 레퍼런스를 찾아보기 4. 여행지 정보 찾아보기(그곳의 분위기, 이동 시간, 루트, 운영시간 등등) 5. 메인컷이 나올만한 예쁘거나 눈에 띄는 스팟 찾기 6. 해당 스팟에서 어떻게 촬영할지 구도 생각해 두기 7. 상황에 맞는 촬영 장비 준비하기(DSLR, 드론 등등) 8. 여행지와 어울리는 옷, 소품 준비하기 9. 날씨 및 촬영 시간대 체크하기(햇빛, 그림자 기울기 등)
촬영 중	1. 생각해 둔 구도로 촬영하기 + 현장에서 발견한 새로운 구도로 촬영하기 2. 중간중간 촬영한 영상 정리 및 백업하기
촬영 후	1. 촬영한 사진 및 영상 중 A컷 셀렉하기 2. 사진 색감 보정하기 3. 인물 보정하기 4. 영상 셀렉한 뒤 색감 보정하기 5. 사진과 영상의 순서 정하기(1,2번째 컷이 가장 중요함) 6. 본문 내용 작성 후 SNS에 업로드하기

AI 활용은 선택 아닌 필수

콘텐츠를 만드는 사람이라면 누구나 공감할 것이다. 기획부터 대본 작성, 촬영과 편집, 썸네일 제작과 자막 작업, 업로드까지…. 해야 할 일이 너무 많다. 그런데 이 모든 과정에 AI를 활용하면서부터 일의 무게가 훨씬 가벼워졌다. 기획이 막힐 때, 머릿속이 복잡해서 정리가 안 될 때, 또는 여행지를 어떻게 소개할지 고민될 때 나는 AI에게 묻는다.

'태국 끄라비에서 하루 3곳 정도 다닐 수 있는 알찬 여행 코스 알려 줘. 우리는 커플이고, 너무 이른 아침부터 일정이 시작되는 것은 좋아 하지 않아.'

'칭다오에서 브이로그 찍을만한 포인트는 뭐가 있어? 다양한 분야를 모두 포함하도록 10가지로 요약해줘.'

'주말에도 오픈하는 도쿄역 근처 1인 5만 원 이하 스시 맛집 다섯 군데 추천해줘.'

이런 식으로 물어보면 마치 여행사 직원처럼 척척 대답해 준다. 내가 미처 생각하지 못한 관점으로 여행지를 정리해 주기도 하고, 막연했던 기획을 구체화하는 데 큰 도움이 된다.

콘텐츠 내레이션 대본을 쓸 때도 마찬가지다. 특정 장소에서 느낀 감정을 중심으로 흐름을 잡고 싶은데 말이 막힐 땐, 간단한 초안을 받아보고 한 번 더 다듬으면 된다. 마치 '이런 식으로 써보는 건 어때?'라고 조언해 주는 믿음직한 팀원이 생긴 느낌이다.

물론 몇 가지 주의할 점도 있다. 그중 가장 중요한 것은 '프롬프트'를 얼마나 구체적으로 작성하느냐는 것이다. '영상 대본 써줘'처럼 막연하게 말하면 절대 만족스러운 답을 얻을 수 없다.

'오사카 놀이공원을 소개하는 숏폼을 만들 건데, 약 40초 분량으로, 밝고 유쾌한 분위기로, 타깃은 20~40대 여성이고, 장소 설명 + 감정 + 꿀팁이 함께 들어갔으면 좋겠어.'

이렇게 조금 더 구체적으로 프롬프트를 입력하면 보다 더 정교한 결과를 얻을 수 있다. 프롬프트가 더 자세하고 명확할수록 내가 원하는 결과값에 가까운 대답이 돌아온다.

또한, AI가 항상 정확한 정보를 주는 건 아니라는 점도 기억해야 한다. 예를 들어, 폐업한 식당 정보를 알려준다던가 실제로 없는 장소를 있다고 말하는 경우도 종종 있기 때문에 항상 더블 체크는 필수다. 그래서 나는 AI에게 아주 간단명료하게 한마디를 덧붙인다.

'확실해?'

이 한마디면, 정보가 정확할 땐 자신있게 그렇다고 답하지만, 아닐 경우 바로 사과하고 다시 찾아준다. 또는 프롬프트를 입력할 때, 정확한 정보를 기반으로 알려달라는 문구를 적는다거나 다양한 AI에 똑같은 질문을 하며 더블 체크하는 방법도 있다. 그동안 콘텐츠를 제작하며 끙끙 앓던 순간이 많았다면, 이제는 AI를 적극 활용해 시간을 단축해 보자. 생각보다 든든하고 똑똑한 팀원이 되어줄 것이다!

추천 AI -> ChatGPT / Gemini / Claude / Perplexity / Grok 등

3장

여행 크리에이터로
살아남기

너도나도 여행 크리에이터인 시대

'크리에이터' 중에 과연 어떤 분야의 크리에이터가 많을까? 다른 플랫폼은 몰라도, 적어도 인스타그램에는 '여행 크리에이터'가 유독 많다. 여행 콘텐츠는 뷰티나 운동처럼 특출난 기술이 없어도 시작할 수 있고, 여행하면서 돈도 벌 수 있는 직업을 마다할 사람은 없을 테니 말이다.

풍경 사진을 잘 찍는 사진작가도 여행 크리에이터, 핫플이나 카페를 소개하는 사람도 여행 크리에이터, 촬영기법을 알려주는 사람도 여행 크리에이터, 숙소 위주로 콘텐츠를 만드는 사람도 여행 크리에이터, 여행 팁을 알려주는 사람 역시 여행 크리에이터다. '여행'이라는 키워드가 워낙 범위가 넓다 보니 지금은 그야말로 너도나도 여행 크리에이터인 시대가 되었다.

그렇다면 이 수많은 여행 크리에이터 사이에서 살아남고, 각종 브랜드와 대기업, 해외 관광청, 국내 지자체에서 먼저 찾는 크리에이터가 되려면 어떻게 해야 할까?

4.7만 팔로워로 월 1,000만 원을 벌 수 있었던 이유

여행 크리에이터가 되고 나서 나만의 목표가 있었다. 그건 바로, '한 달에 천만 원 이상 벌기.'

한 달에 1,000만 원! 그저 남의 이야기 같지만, 그 주인공이 내가 된다면? 그것도 좋아하는 여행을 하면서 번 돈이라면?!! 상상만으로도 짜릿한 일이다. 그런데 그 목표가 2년 만에 현실이 됐다. 그것도 한두 번이 아니라 여러 번 말이다. (여기에는 한 가지 슬픈 비밀이 있는데, 그건 뒤에서 '원고료'에 대한 이야기를 할 때 풀어보겠다.)

팔로워 4.7만으로 한 달에 천만 원 이상을 벌 수 있었던 비결은, 광고주가 우리를 선택할 수밖에 없었기 때문이다.

우리를 예로 들자면, 우리는 여행 크리에이터 중에서도 커플 콘셉트로 촬영이 가능하고, 정보를 알차게 담아내며, 콘텐츠 하나하나에 많은 정성을 쏟기 때문에 첫 번째로 '커플' 콘텐츠가 필요한 광고주들이 우리를 먼저 찾았다. 그러니, 내가 가진 강점 중에 경쟁이 적은 쪽을 공략해 보자!

두 번째로, 인스타그램, 블로그, 유튜브. 모든 SNS에서 '여행'이라는 콘셉트를 명확하게 보여주고, 이 분야에 전문성이 있다는 이미지를 심

어주는 것 또한 중요하다. 전문성을 높이는 데는 콘텐츠의 퀄리티도 큰 역할을 한다. 우리는 DSLR, 드론, 액션캠, 360도 카메라 등 상황에 맞는 장비를 다양하게 활용하며 완성도를 높이고 있다.

세 번째는, 수익 파이프라인을 다양하게 갖추는 것이다. 만약 내가 인스타그램 광고 수익에만 의존했다면, 월 천만 원 이상의 수익은 불가능했을 것이다. 인스타그램 광고는 물론, 여행 크리에이터 강의 수익, 방송 출연료 등 여러 경로에서 수익이 들어올 수 있도록 구조를 만들어두는 것이 중요하다. 수익의 흐름이 한 곳에만 의존하지 않도록 분산시키는 전략이 안정적인 성장의 핵심이다.

네 번째로, 빠르게 변하는 SNS 시대에 발맞춰 트렌드에 민감한 것 또한 중요하다. 남들이 다 하는 거 말고, 소수만 할 수 있는 것을 내가 해낸다면 당연히 희소성을 가질 수밖에 없다. 예를 들면 내레이션이 들어간 릴스(숏폼)가 그런 경우다. 내레이션이 들어간 릴스가 처음 나오기 시작했을 때, 사람들이 본인의 목소리를 녹음하는 걸 부끄러워하는 경향이 있었다. 나는 그때 바로 내레이션을 녹음하기 시작했고, 그 결과 릴스 광고 문의가 많이 들어왔다. 지금은 내레이션 릴스가 흔한 릴스가 되었으니, 뭔가 새로운 스타일의 콘텐츠가 유행한다면 남들보다 빠르게 따라해보자. (휴, 이건 사실 나도 겨우겨우 쫓아가고 있는 거라 쉽지 않다. 뭐 하나 쉬운 게 없구만~~ 바쁘다 바빠 현대 사회!)

다섯 번째로 중요한 건, 밝은 이미지를 주는 것이다. 모델이 등장하는 콘텐츠에서 무표정하거나 지쳐 보이는 모습보다는, 밝은 표정과 행복함이 느껴지는 모습이 보는 사람들의 기분까지 좋아지게 한다. 당연한 거지만 광고주는 대중에게 좋은 이미지를 심어주고 싶어 한다. 그러니 밝은 이미지를 보여주자!

그리고 이건 아는 사람만 아는 꿀팁인데, 다른 크리에이터가 업로드한 협찬/광고 콘텐츠에 눈에 띄는 댓글을 다는 것도 의외로 효과가 좋다. 해당 광고를 집행한 마케팅 담당자가 피드백을 확인하기 위해 댓글을 유심히 보는 경우가 많기 때문이다. 이때 내가 단 댓글이 눈에 띄어서 담당자가 내 피드까지 들어와 협업으로 연결되는 경우도 꽤 있었다.

마지막으로 중요한 건, 나를 어떻게 보여주느냐다. 콘텐츠는 결국 '보여지는 것'이기 때문에, 시선을 끄는 이미지와 분위기는 생각보다 큰 영향을 준다. 꼭 완벽한 외모가 아니라도 괜찮다. 나만의 매력과 개성을 어떻게 표현하느냐가 더 중요하다. 촬영 방식이나 보정, 연출 등 다양한 방법을 활용해서 자신만의 분위기를 만들어보는 것도 좋은 방법이다.

이런 방법들로 우리는 대형 크리에이터가 아님에도 불구하고 한 달에 천만 원 이상씩 수익을 낼 수 있었다. 자, 그렇다면 협업 연락이 왔을 때는 어떻게 대응해야 할까?

협업 연락이 왔을 때 대처하는 방법

아주 기본적인 것들이지만 확실하게 알고 있으면 분명 도움이 될 것들이니 기억해 두자.

먼저, 인사부터 확실하게 하기. 친절하되 너무 저자세일 필요는 없다. 다음으로는 광고주가 원하는 바가 무엇인지 정확하게 파악하는 것도 중요하다. 내가 해야 할 일이 무엇인지 정확하게 파악하고, 그다음엔 콘텐츠를 어떻게 만들 것인지 구상해 보자.

예를 들어 특정 지역을 여행하고 소개하는 콘텐츠라면, 그 지역의 어떤 스팟에 갈 것인지, 이동 시간은 얼마나 걸리는지, 휴무가 겹쳐 문을 닫지는 않는지 예약이 필요한지 등을 조사하고 현장에서 어떤 방식으로 촬영할지 미리 계획해 두는 게 좋다.

원고료와 제공 조건, 업로드 기한 등 계약 조건을 확인하는 것 역시 기본 중의 기본이다. 광고주가 원하는 일정과 내가 원하는 원고료가 서로 맞아야 협업이 가능한 거니까.

많은 사람이 궁금해할 원고료 이야기도 잠깐 해보자. 여행 크리에이터의 경우 통상적인 원고료는 팔로워 1만당 10만 원 정도로 알려져 있다(인스타그램/여행 크리에이터 기준). 하지만 이건 어디까지나 참고 수치일 뿐이다. 팔로워 수가 적더라도 콘텐츠 퀄리티가 뛰어나거나, 촬영지가 멀어서 시간과 비용이 더 든다면 그에 맞게 더 높은 금액을 제안해도 된다. 반대로 팔로워가 30만 명이라고 해도 모든 콘텐츠를 건당 300만 원에 진행하는 건 현실적으로 어려울 수 있으니, 상황에 따라 유연하게 조율해야 한다. 즉, 팔로워 수뿐만 아니라 촬영에 들어가는 시간, 노력, 비용까지 모두 고려해서 내 가치를 판단해야 한다.

그런데 여기서 꼭 짚고 넘어가야 할 중요한 포인트가 하나 있다. 바로, 여행 크리에이터의 수익에는 출장 경비가 포함되는 경우가 많다는 것이다. 항공료, 숙소, 교통비, 식비 등은 지역이나 출장의 성격에 따라 천차만별이기 때문에, 원고료나 출연료에 이 비용이 포함되어 지급되는 경우가 많다. 즉 겉으로 보기엔 수익이 커 보이지만, 실제로 내 손에 남는 순수익은 그보다 적을 수 있다는 뜻이다. 통장에 천만 원이 찍혀도 이미 경비로 지출된 금액이 있다면, 실제 수익은 그보다 적을 수 있으니 꼼꼼하게 따져봐야 한다. (앞에서 잠깐 언급했던 한 가지 슬픈 비밀이 바로 이거다.)

그리고 이것만큼은 반드시 기억해야 할 중요한 것이 있다. 바로 2차 활용 문제다. 콘텐츠의 퀄리티가 높아질수록 각종 커뮤니티 또는 기업에서 내 콘텐츠를 출처 표기 후 공유하고 싶다며 디엠이 오곤 하는데, 대부분 무료로 공유받기를 원한다. 몇 년 전에 커뮤니티 파워가 컸을 때는 내 콘텐츠가 공유되면 팔로워가 늘어나는 효과라도 있었지만, 요즘은 그런 효과가 거의 없다. 어떤 곳에서는 아주 교묘하게 콘텐츠 공유를 허락해달라는 장문의 디엠 속에 2차 활용이 될 수도 있다는 문구를 슬쩍 넣어 두는 경우도 있으니 반드시 주의해야 한다.

커뮤니티가 아니더라도 협업을 진행하기로 한 기업 또는 마케팅 회사에서도 내 콘텐츠가 2차 활용될 수 있다고 교묘하게 써두는 경우가 있는데, 이때 이걸 제대로 모르고 동의했다가는 나중에 억울한 상황이 발생할 수도 있다.

예를 들어 내가 어떤 의류 브랜드에서 옷을 제공받고 착용샷을 올려주는 협업을 했다고 치자. 원래 조건이 옷을 제공받고 1회 업로드였다면, 그걸로 내 역할은 끝난 거다. 그런데 그 브랜드가 내 착용샷을 유료 광고로 활용한다면, 난 무료로 모델이 되어준 된 셈이다. (생각보다 이런 사례가 흔하다.)

그러니 협업을 진행할 땐 반드시 계약서를 꼼꼼하게 확인해야 한다. 저작권이 갑(업체)에게 있는지, 을(나)에게 있는지 혹은 공동으로 가지게 되는지, 2차 활용 범위는 어떻게 되는지 등을 모두 명확하게 체크하자.

만약 협업하기로 한 업체에서 2차 활용하는 것에 대한 비용을 물어본다면, 얼마나 사용하기를 원하는지(기간), 어떤 플랫폼에 사용하기를 원하는지(범위), 어떤 형태로 사용하기를 원하는지(형태) 등을 정확하게 물어보고 그에 맞는 추가 비용을 제시하면 된다. 통상적인 2차 활용에 대한 비용은 원고료의 약 20%라고 하지만, 어떤 콘텐츠인지, 활용 기간/범위/형태는 어떻게 되는지에 따라 각각 다르니 참고만 하시길!

네트워킹의 중요성

인맥은 자산이다. 자산 중에서도 가장 값진 자산! 실제로 소개를 통해 일이 들어오는 경우가 굉장히 많기 때문에 비슷한 분야에 있는 사람들과의 네트워킹이 정말 중요하다.

여행 크리에이터를 비롯해 다양한 분야에서 활동하고 있는 크리에이터들과 인간관계를 쌓다 보면 콘텐츠에 대한 이야기나 경험을 나누며 함께 발전할 수 있다. 혼자일 때는 몰랐던 것도 알게 될 수 있으니, 인간관계를 넓히는 것을 추천한다. 소모임이나 파티 같은 행사가 있을 때는 되도록 참석하고, 여러 크리에이터가 함께 모인 자리에서는 부끄럽더라도 먼저 인사를 건네며 말 한마디 더 붙여보자. 나라는 사람의 존재를 적극적으로 알려보자. 만약 그런 자리가 만들어지지 않는다면, 평소에 인스타그램에서 서로 댓글이나 디엠을 주고받으며 차곡차곡 친분을 쌓을 수도 있다.

여기서 꿀팁을 하나 주자면, 크리에이터용 '명함'을 만들어두는 것을 추천한다. 처음 보는 사람에게 나를 소개할 때 좋은 건 당연하고, 특히 공식적인 행사 자리에서 빛을 발한다. 각종 관계자나 담당자님들을 처음 접할 때 명함 한 장 건네는 것으로 전문성도 높아지지만, 추후 협업에 대한 연락이 필요할 때 내 연락처를 쉽게 알 수 있는 방법이기도 하다. 실제로 우리도 명함을 만들어 각종 모임이나 행사 자리가 있을 때 아주 요긴하게 쓰고 있다. 보통 먼저 명함을 드리며 인사를 건네면, 나도 명함을 받게 되는데 이 역시 언젠가 담당자님에게 연락이 필요할 때 도움이 될 것이다.

그리고 기왕 명함을 만드는 거, '크리에이터'라는 직업이 돋보일 수

있도록 심플한 일반 명함이 아닌, 조금은 특별한 명함으로 만드는 것을 추천한다. 왼쪽 사진이 평범함을 거부하는 써니앤쎄이 명함이다.

이렇게 특별한 디자인의 명함을 드리면 처음 우리의 명함을 받는 순간부터가 우리를 인식하게 되는 순간이 된다. 100이면 100, 모든 분이 우리 명함을 받자마자 눈이 휘둥그레지며 엄청난 리액션을 보여주셨다. 귀엽다, 특별하다, 예쁘다, 아이디어가 좋다 등등 명함에 대한 칭찬으로 첫인사를 시작하니 그 후에 나누는 이야기들도 당연히 분위기가 좋을 수밖에!

여기서 중요한 건, 나의 특장점을 살리는 명함을 만들어야 한다는 것이다. 우리는 써니앤쎄이라는 캐릭터를 살리기 위해 이렇게 제작했지만, 당신이 만약 사진을 잘 찍는다면 멋진 여행사진이 들어간 명함으로 만들어도 되고, 디자인을 잘한다면 디자인이 돋보이는 명함으로 만들어도 된다. 본인의 특장점이 잘 드러나는 명함으로 만드는 것을 추천한다. 포인트는 시간이 지난 후에 명함을 보더라도 내가 어떤 사람이었는지 떠오를 수 있게 만드는 것!

그리고 협업 연락을 주셨던 마케팅 담당자분들 또한 인맥 안에 포함

된다. 마케팅 회사의 경우, 수십 건의 콘텐츠 마케팅을 대행하고 있기 때문에, 내가 만든 콘텐츠가 마케팅 담당자 혹은 광고주의 마음에 들었다면 다음에 새로운 콜라보를 진행할 때 나를 다시 찾을 가능성이 있다. 실제로 나도 이런 식으로 한 회사와 여러 번의 협업을 진행했다.

관광청 행사라던가, 미팅 자리에서 받은 담당자님들의 명함을 엑셀 파일에 잘 정리해 두는 것도 하나의 방법이다. 명함을 받은 다음 날, 또는 명절이나 연말 등 특별한 시기에 간결하면서도 정중하게 메시지를 보내며 나라는 크리에이터가 있다는 것을 한 번 더 각인 시켜주는 것도 도움이 될 것이다.

크리에이터들과도, 마케팅 회사와도, 광고주님과도, 그 외 모든 인간관계는 나의 크리에이터 생활에도 도움이 되지만, 내 인생에도 도움이 된다. 다만 속이 보이는 인맥 관리는 오히려 독이 될 수 있으니, 진심을 담아 다가가기를!

내 몸값을 올리는 노하우

이제부터는 내가 직접 겪으며 깨달은 노하우를 바탕으로 내 몸값과 가치를 어떻게 올려왔는지 하나씩 풀어보려고 한다.

1. 원고료가 내 기준보다 적을 때

협업 연락이 올 때 나에게 먼저 원고료를 묻는 경우가 많지만, 업체 측에서 먼저 원고료를 선 제시하는 경우도 있다. 선 제시하는 경우들은 보통 원고료가 낮기 마련인데, 그럴 때 그냥 '원고료가 맞지 않아서 진행이 힘들 것 같습니다'라고 쳐내는 것이 아니라, 내가 원고료를 이만큼 받아야 하는 이유를 설명해 주거나, 업체 측에 해줄 수 있는 게 어떤 게 있는지를 어필하며 원하는 원고료를 말하는 것도 방법이다. 아래는 단순 예시이니, 참고만 하시길!

ex) 안녕하세요! 먼저 저희를 좋게 봐주시고 연락 주셔서 감사합니다. 하지만 촬영지까지 이동하는 데 드는 비용과 소요 시간을 고려해 봤을 때, 원고료 ○○만 원에는 진행이 힘든 상황입니다. 현재 블로그도 함께 운영 중이라 인스타그램 게시글 + 블로그 포스팅까지 모두 해서 ○○만 원에 협업 가능하니 확인 후 연락 주시면 감사하겠습니다.

이제는 하나의 SNS 운영만으로는 살아남을 수 없는 시대가 되었다. 조금 힘들더라도 블로그, 유튜브, 틱톡 등 다른 플랫폼도 운영하면서 내 몸값을 올려보자. 여러 가지를 하는 게 힘들다면, 인스타그램에 올릴 세로 영상을 유튜브와 틱톡에도 미러링(똑같이 업로드)하는 것부터 시작해 보기를!

2. 단순 협찬 연락이 왔을 때

원고료를 줄 수 있다는 연락이 아닌, 단순 제공, 단순 협찬 연락이 왔을 때도 위의 예시와 같이 내가 해줄 수 있는 것들을 어필하며 원고료를 요구해 보는 거다. 거절할 수도 있지만 승낙할 수도 있다. 나는 실제로 이런 방법으로 단순 협찬을 광고로 만들어서 원고료를 받은 경우가 꽤 있다.

3. 아무 연락이 안 올 때

아무 연락이 오지 않는다고 해서 가만히 연락을 기다리기만 한다면 크리에이터로 살아남을 수 없다. 이럴 때는 다른 크리에이터들이 이미 광고를 진행한 업체 또는 평소에 관심 있게 봐오던 업체에 내가 먼저 제안을 해보는 거다. 선 제안을 할 때 중요한 점은, 당당하게 제안할 수 있는 나만의 특장점을 갖춘 후에 제안을 해야 성공률이 높다.

그리고 또 한 가지 중요한 점은, 거절을 두려워하지 말 것. 애초에 선 제안을 할 때 '밀져야 본전이지', '되면 땡큐! 안되면 말고~' 마인드로 제안하는 것을 추천한다.

제안을 어떻게 할지가 막막하다면 우선 포트폴리오를 만들어두자. 내가 어떤 사람이고 어떤 것을 잘하고, 그동안 어떤 것들을 해왔는지 포트폴리오만 하나 잘 만들어둬도 엄청난 도움이 된다. 선 제안을 할 때 제안 내용과 만들어둔 포트폴리오를 함께 보내는 것을 추천한다.

규모가 큰 회사일수록, 큰 프로젝트일수록 포트폴리오와 함께 제안서 또는 기획안을 만들어 보내면 금상첨화다. 제안서도 하나 만들어두면 그때그때 업체에 맞게 조금씩 수정해서 보내면 되니 여러모로 유용하다. 내가 원하는 게 있다면 그만큼 정성을 들이고, 간절하게 준비할 것! 명심하자.

4. 퀄리티 높은 콘텐츠는 주기적인 광고로 연결된다.

콘텐츠 촬영을 할 때 정성을 쏟아붓자. 내 콘텐츠를 보는 사람들도 느끼지만, 이걸 의뢰한 광고주도 당연히 정성을 느낄 수밖에 없다. 그리고 정성을 쏟은 콘텐츠일수록 노출도도 자연스레 높아지기 마련이다. 간혹 퀄리티는 높지만, 인사이트가 저조한 경우도 있다. 인사이트가 매번 잘 나올 수 없다는 것을 광고주도 알고 있다. 여태까지 수많은 협업을 진행해 보고 느낀 점은, 인사이트가 잘 나오지 않더라도 콘텐츠의 퀄리티가 높을 때 광고주의 만족도도 높아진다는 것이다.

만약 콘텐츠의 퀄리티도 높고 인사이트까지 잘 나왔다면, 이것은 곧 주기적인 광고로 연결된다. 실제로 계절마다 콘셉트가 바뀌는 카페나 테마파크, 시즌성을 타는 의류 브랜드 등 수많은 업체에서 우리에게 주기적인 광고를 부탁했다. 프리랜서에게 주기적인 수입이 생긴다는 것은 아주 중요한 일이다.

퀄리티가 높다고 느껴지는 콘텐츠들은, 보는 사람들의 눈길을 끄는 콘텐츠이다. 멋진 장면을 보여주거나, 좋은 장비를 사용하거나, 탄탄한 기획력이 돋보이는 콘텐츠이거나. 노력은 거짓말 하지 않는다. 광고주에게 당당하게 퀄리티 높은 콘텐츠를 만들어 드리겠다고 말할 수 있도록 노력해 보자.

지금까지 말한 것들은 내가 실제로 했고, 효과를 봤던 노하우들이다. 그중에 가장 값진 경험으로 돌아왔던 것이 있다. 그건 바로!! 방송 출연인데, 어떻게 방송 출연을 하게 되었는지에 대해 보여드리겠다.

다시 만나는 그날까지, 「다시 갈 지도」

2022년, 세계여행을 끝내고 돌아왔는데 방송국에서 연락이 왔다. 「다시 갈 지도」라는 여행 프로그램이었는데, 한 방송에 유튜버 세 팀이 나와 각각 다른 나라의 여행기를 소개해 주는 방송이었다. 지금 해외에 있거나 출국 계획이 있느냐 물어보셨다. 세계여행을 끝내고 온 지 얼마 되지 않은 때라 별다른 계획이 없어서 추후 출국 계획이 생기면 연락드리기로 하고 한참을 잊고 지냈다.

두 달 후 출국 계획이 생겨 연락을 드렸지만, 출국까지 기간도 얼마 안 남았을뿐더러 당시 주제와 맞지 않아 다시 보류…. 그렇게 6개월이 지났다.

어느날 문득 여름휴가를 떠나야겠다는 생각이 들었다. 지난 6개월간 열심히 달려온 나에게 보상을 해주고 싶었다. 아시아나 항공 홈페이지를 뒤적거리다 튀르키예행 항공권을 마일리지로 살 수 있다는 걸 알게 됐고, 조지아에 다시 가야겠다는 확신이 들었다. 나만 알고 있기 아까울 정도로 좋았던 곳이라 방송으로 소개해 드리면 어떨까 싶었고, 기왕이면 우리가 찍어둔 사진으로 기획안을 만들어 방송국에 제안해야겠다고 결심했다. 출국 소식과 함께 밤을 새워 만든 기획안을 첨부해서 보냈다. 그로부터 며칠 뒤, 작가님께 메시지가 왔다.

'은빈님! 저희 지금 보내주신 기획안 같이 보고 있는데, 정성 가득한 기획안에 감동받아서 다들 눈물 흘리고 있어요!!'

며칠 뒤 조지아 편이 확정됐다는 소식이 들렸다. 우리의 진심이 닿은 것 같아 기뻤고, 방송 촬영이라는 새로운 분야에 도전할 생각에 설렜다. 작가님과 꾸준히 소통하며 촬영에 대한 이야기를 나누었고, 곧이어 구성안을 전달받았다. 구성안에는 전체적인 여행 루트와 각 여행지에 대한 역사적 설명 등이 포함되어 있었다. 구성안에서 필수로 지

커져야 하는 것 외에는 자유롭게 여행하며 촬영하고 우리가 촬영한 영상을 PD님이 편집하고, 스튜디오 촬영을 거쳐 방송에 나가는 방식이었다.

방송에는 1박 2일 여행 코스로 나가지만, 실제 촬영에는 일주일이 걸렸다. 첫 촬영이기도 하고 날씨 등의 변수가 있어서 여유롭게 기간을 잡았다. 본격적인 촬영을 시작하고 처음 해보는 오프닝 멘트가 어색해 몇 번이나 촬영을 다시 했지만, 처음에는 그것마저 재밌게 느껴졌다. 촬영한 영상 중 A컷을 보내드리면 되는 거라 부담이 적었다. 하지만 시간이 흐를수록 촬영할 수 있는 시간과 상황이 정해져 있다는 걸 깨닫고 조급해지기 시작했다.

우리가 여행하는 모습을 자연스럽게 보여줄 때는 괜찮았는데, 역사나 지리적 설명을 해야 할 때는 난감했다. 나는 단기 기억력이 좋은 편이라 멘트를 곧잘 외워서 말할 수 있었는데, 써니는 방송이라는 부담감 때문인지 정해진 멘트를 하는 것을 어려워했다. 내 차례가 지나 써니가 말할 차례가 되면 그는 여러 가지 이유로 NG를 냈고, 나의 인내심도 바닥을 향해 갔다. 짧은 문장 한 줄에도 NG를 내는 모습을 보고 참아왔던 게 폭발했다.

"이 짧은 문장을 왜 못 외우는 거야? 몇 번째야, 이게!!"

써니는 시무룩한 표정으로 대답하지 못했다. 겨우 진정하고 다시 시도했지만, 당최 나아질 기미가 보이지 않아 결국 내가 대신 멘트를 해야 했다. 써니의 분량도 챙겨주고 싶어서 긴 문장은 내가 외우고, 짧은 문장 위주로 준 건데…. 그마저 내가 해야 하는 상황이 오니 마음이 좋지 않았다. 시간이 촉박하거나 이동해야 할 때는 어쩔 수 없이 내가 멘트를 했고, 써니는 리액션을 담당하기로 했다. 말하는 게 너무 부담된다며 리액션만 하고 싶어 했지만, 그럴 순 없었다. 하루하루 써니를 달래보기도 하고, 응원도 해보고, 설명도 해보고, 짜증도 내보고 여러 시도를 하며 트레이닝을 했고, 일주일간 열심히 찍은 덕분에 촬영을 잘 끝낼 수 있었다.

다양한 장비로 촬영한 수백 개의 영상을 해외에서 드라이브에 업로드하는 것도 엄청난 일이었다. 우리나라만큼 인터넷이 빠른 곳이 드물어서 며칠에 걸려 겨우 올릴 수 있었다. 그로부터 한두 달 뒤 드디어 본 방송을 하는 날! 떨리는 마음으로 방송을 시청했고, 조지아에서 고군분투했던 때가 떠올라 웃기기도 하고 뿌듯하기도 했다. 김신영 님, 이석훈 님 등 패널분들의 반응도 좋았고, 세 팀 중 1등을 하는 영광을 누리기도 했다. 그리곤 작가님께서 다음 편 섭외 연락을 주셨다.

지금까지 1년이 조금 넘는 시간 동안 8번의 출연을 하면서 써니앤 쎄이를 알렸고, 「다시 갈 지도」에 대한 우리의 애정도 점점 커져 갔다. 8번의 경험을 쌓는 동안 웃기도 많이 웃고 싸우기도 많이 싸웠다. 회차가 거듭될수록 점점 자연스러워지는 우리를 보면서 그동안 많이 성장했음을 느낄 수 있었다.

가장 최근 촬영지는 체코 프라하였다. 관광청 협업을 위해 프라하에 가 있는 동안 급하게 결정된 건이라 체코 관광청 협업을 마친 엄마는 귀국하시고, 바톤 터치하듯 써니가 프라하로 왔다. 나는 이미 관광청 협업을 하며 에너지를 많이 써서 힘든 상태였는데, 쉴 틈 없이 방송 촬영을 하니 체력도 정신력도 바닥을 보이기 시작했다. 하필 이때 써니가 멘트를 더듬기 시작했고, 그를 대신하여 긴 문장을 반복해서 말해야 했던 나는 결국 감정을 참지 못하고 폭풍처럼 쏟아냈다.

그 폭풍에는 짜증, 분노, 원망, 연민 등 모든 것이 담겨 있었다. 지칠 대로 지친 나를 알아주기를, 늘 할 일이 많은 나를 대신하여 알아서 잘 해주기를 바라는 마음이 가장 컸다. 한바탕 감정을 쏟아낸 나를 아무 말 없이 바라보던 써니는 이내 풀이 죽은 표정으로 어쩔 줄 몰라 했다. 풀이 죽은 써니의 모습을 보니 미안한 마음이 들었다. 본인도 나름대로 노력하고 있었을 텐데…. 부부 싸움은 칼로 물 베기라던가? 짜증이 잔뜩 났다가도, 날 빤히 쳐다보고 있는 써니와 눈이 마주치니 나도 모르게 웃음이 터져 나왔다. 체코 맥주 한 잔에 서로의 감정을 털어버리고 남은 일정도 잘 끝냈다. 두 달 뒤 프라하 편이 방송됐고, 이날 방송에 출연했던 유튜버 세 팀 중 우리가 1위를 했다! 체력적으로 많이 힘

들었지만 최선을 다해 촬영했는데, 그 정성이 보는 사람에게도 느껴진
것 같아 행복하고 뿌듯했다. 아름다운 늦여름의 프라하와 우리의 모습
이 잘 담겨서 언제고 다시 꺼내 볼 수 있게 되었다.

한참 뒤에 작가님으로부터 연락이 왔다. 「다시 갈 지도」가 시즌 종
료한다는 소식이었다. 아쉬움과 동시에 그동안 온갖 돌발 상황들을 헤
쳐 나가며 열심히 촬영하던 우리의 모습이 파노라마처럼 스쳐 지나갔
다. 마지막을 애정하는 프라하로 끝냈다는 게 다행스럽기도 했다. 언
젠가 돌아올 시즌2도 함께하기로 약속하며 그때까지 써니앤쎄이만의
'다시 갈 지도'를 이어갈 테다.

4장

여행 크리에이터,
꿈과 현실 사이에서

수십 번 수백 번 고민하며 콘텐츠를 만든다. '정답'이란 게 없어서

더 어렵다. 창작은 기쁨과 성취감을 주기도 하지만, 대부분은 괴롭다.

무에서 유를 창조한다는 것은 정말이지 쉽지 않은 일이다. 그렇다고

다른 사람이 한 것을 똑같이 따라 하는 건 크리에이터라는 직업에 대한

모순이다. 어느 정도 참고는 하되, 나만의 매력을 추가하거나,

나만의 것으로 바꾸는 것이 꼭 필요하다.

여행에 미치다 말고, 여행에 지치다

여행에 지쳤다. 정확히는 일로 가는 여행에 지쳤다. 어쩌다 이렇게 된 걸까.

몇 년 전 나는 여행을 너무 사랑해서 일도 여행과 관련된 직업을 가지려고 노력했다. 여행 작가나 여행 크리에이터가 되는 것을 꿈꾸던 시절, 인지도가 꽤 있던 여행 크리에이터의 라이브 방송에 참여했다. 질문을 받고 있길래 가장 궁금했던 것을 그녀에게 물었다.

"좋아하던 여행이 일이 되면 어떤 느낌인가요~?"

내 질문을 본 그녀가 대답해 주었다.

"힘들 때도 많지만, 그래도 좋아요."

몇 년이 지났고, 그토록 원했던 여행 크리에이터가 되었다. 처음에는 해외 협업 건이 들어오는 게 신기하고 행복했다. 드디어 나도 해외 여행을 지원받으며 가는구나 싶었다.

해외 협업을 막 시작했던 시기에는 여행 경비만 지원받고 가는 것도 좋았다. 공짜로 여행하는 느낌이었으니까. 하지만 얼마 지나지 않아 세상에 공짜는 없다는 것을 알게 되었다. 이른 아침부터 늦은 밤까지 온 열정을 쏟아 취재하고, 숙소에 돌아와서 새벽까지 백업하고의 반복…. 3일이 주어지면 3일을 3주처럼 꽉꽉 채워 보내다 보니 여행이 끝날 즈음엔 녹초가 되기 일쑤였다. 짧은 시간 안에 최대한의 결과물을 뽑아낸다는 것은 엄청난 열정과 체력을 필요로 했다.

유명한 맛집에 가도 촬영이 먼저라 음식이 다 식고 난 뒤에 먹고, 예쁜 해변에 가도 촬영해야 할 것들을 먼저 하느라 야자수 밑 선베드에 누워 여유를 부릴 시간이 없는 게 여행 크리에이터의 현실이다. 예쁜

    나의 직업은 여행입니다

게 보이기 위해 뒤에서 희생되는 것들이 생각보다 많다는 사실을 깨닫기까진 그리 오랜 시간이 걸리지 않았다.

한번은 방송 촬영을 위해 일본으로 출장을 갔는데, 하필 지독한 여름 감기를 앓고 있어서 컨디션이 최악이었다. 코점막에 염증이 심했는지 콧물이 쉴 새 없이 흐르고 재채기가 계속 나왔다. 어느 정도였냐면, 재채기를 너무 많이 해서 배와 등, 뒷목까지 온몸이 당길 정도였다.

대사를 해야 하는 순간에도 재채기 때문에 NG가 났고, 똑같은 촬영을 여러 번 거듭하니 촬영 시간도 오래 걸려서 다음 일정에 지장이 갔다. 게다가 7월 중순의 일본은 습도 99%에 육박하는 습한 더위와 장마가 기승을 부리는 때였다. 방송 주제가 후지산의 대자연을 소개하는 내용이었는데, 장마로 인해 후지산을 제대로 담을 수 없어서 더 절망적이었다. 일주일 중 딱 하루, 단 몇 시간 동안만 후지산의 실루엣을 담을 수 있었다. 후지산의 풍경을 제대로 담지 못한 게 아쉬워 다른 관광지에서 더 열심히 촬영했다. 코맹맹이 소리가 나지 않게 코와 목을 가다듬고 대사를 읊었고, 아픈 티를 내지 않으려 최대한 밝게 리액션을 했다.

그리고 몇 달 뒤, 우리가 촬영한 영상에 PD님의 편집이 더해져 걱정했던 것보다 예쁘게 방송이 나갔다. 아쉬움이 남는 건 어쩔 수 없었지만 그래도 다행이었다. 3팀의 유튜버 중에 1등이 되면 상을 받는 시스템이었는데, 우리의 닉네임이 불렸다.

"아시아의 대자연 1등, 써니앤쎄이~!!!"

아무런 기대도 하지 않았는데, 우리가 1등이라니. 온몸에 소름이 돋

앉다. 열악한 조건 속에서도 끝까지 열심히 노력했던 것에 대한 보상을 받는 느낌이라 뭉클했다.

방송 편집은 PD님이 해주시지만, 평소에 콘텐츠를 만들 때는 다르다. 우리가 직접 기획하고 촬영하고 편집하고 업로드한다. 처음부터 끝까지 모든 것이 내 손을 거쳐야 한다. 여행지에 가서 취재할 때도 체력적으로 힘들지만, 사실 본격적인 일은 여행이 끝나고 나면 시작된다. 촬영해 온 파일들을 가공해서 보는 사람들이 여행을 떠나고 싶게끔 여행 욕구를 자극하거나, 알찬 여행 정보를 제공하는 콘텐츠를 만든다.

콘텐츠에 대한 아이디어가 번뜩번뜩 떠오를 때도 있지만, 그렇지 않을 때가 더 많아서 창작의 고통에 시달리곤 한다. 그래도 며칠 밤을 새워가며 열심히 만든 콘텐츠가 반응이 좋을 때는 세상의 모든 기쁨이 내 것이 된다. 그렇게 뿌듯할 수가 없고, 그렇게 행복할 수가 없다.

이렇게 콘텐츠와 경험을 열심히 쌓다 보니 1년에 16번 출국하는 여행 크리에이터가 되었다. 여행 크리에이터 강의를 하러 갔다가 어떤 분이 몇 년 전 내가 물어봤던 질문을 똑같이 하셨다.

"저는 여행을 좋아해서 여행 크리에이터가 되고 싶은데, 좋아하던 게 일이 되면 어떤가요?"

잠시 머뭇거렸지만, 대답은 생각보다 수월했다.

"낮에는 열심히 취재하고 밤에는 좀비처럼 보정의 늪에 빠져 지내지만, 그럼에도 불구하고 여행을 계속할 수 있다는 게 가장 큰 매력이

에요."

　이제 더 이상 짐을 싸는 순간이 설레고, 그곳에 있을 내 모습을 상상하며 행복해하는 '진짜 여행자'로 돌아갈 순 없지만, 여행에 미쳐있던 내가 여행에 지친 내가 되었지만, 그럼에도 불구하고 나는 이 직업이 좋다. 전 세계를 누비며 나의 여행 이야기와 정보를 사람들에게 공유하여 도움을 주고, 여행하는 우리의 모습이 사랑받을 수 있다는 건 참 매력적인 일이다.

　자, 그럼 이제 편집하러 가볼까?

창작의 고통

(이 페이지는 극도로 편집이 하기 싫은 여행 크리에이터가 푸념을 늘어놓은 페이지입니다. 지금부터 다소 부정적인 내용들이 나올 예정이니, 페이지를 그냥 넘기거나, 만약 크리에이터의 고충이 궁금하다면 가볍게 읽어주세요!)

크리에이터란 창조하는 사람, 창작하는 사람이다. 나는 주로 여행 또는 커플과 관련된 콘텐츠를 만들어왔다. 샤워를 하다가도 번뜩 아이디어가 떠오르고, 거리를 걷다가도 새로운 것들이 마구마구 떠오를 정도로 나는 창작하는 것을 즐겼다. 번뜩 떠오른 아이디어를 구체화시키는 작업도 재미있었고, 그렇게 만든 콘텐츠가 반응이 좋을 때는 더할 나위 없이 기뻤다. 하지만 시간이 지날수록 창작하는 것에 지치기 시작했다. 어떻게 해야 광고주가 원하는 방향도 맞춰주면서, 사람들의 시선도 사로잡을 수 있을까? 매 순간 고민한다. 나름대로 열심히 기획을 해도 조회수가 잘 나오지 않으면 그 숫자는 곧장 스트레스로 다가왔다.

잘 만든 콘텐츠는 인사이트가 전반적으로 높고, 시청 지속 시간이 길다는 특징이 있다. 반대로 반응이 아쉬웠던 콘텐츠는 인사이트도 비교적 낮고, 시청 지속 시간도 짧다. 둘 다 열심히 만들었고, 정성도 똑같이 쏟았는데, 하나는 자랑스러운 콘텐츠가 되고, 하나는 아쉬운 콘텐츠가 되는 것이 슬펐다. 그깟 숫자가 뭐라고. 고작 숫자일 뿐이라며 신경 쓰지 않으려 해도 결국 크리에이터에겐 이 숫자들이 전부이기도 하다.

어떤 날은 릴스의 인트로 2~3초를 위해 기획만 10번 넘게 수정한 적도 있다. 초반 2~3초 시선을 끌기 위해 고심하고 또 고심한다.

"이렇게 하는 게 좋을까?"

"그럼 이건…?"

"아니야. 이상해. 이건 아닌 것 같아…."

수십 번 수백 번 고민하며 콘텐츠를 만든다. '정답'이란 게 없어서 더 어렵다. 창작은 기쁨과 성취감을 주기도 하지만, 대부분은 괴롭다. 무에서 유를 창조한다는 것은 정말이지 쉽지 않은 일이다. 그렇다고 다른 사람이 한 것을 똑같이 따라 하는 건 크리에이터라는 직업에 대한 모순이다. 어느 정도 참고는 하되, 나만의 매력을 추가하거나, 나만의 것으로 바꾸는 것이 꼭 필요하다.

실수는 성공의 어머니라 했던가? 그렇다면 고통은 창작의 어머니? 하. 어렵다!!!

아무튼 창작은 괴롭다. 하지만 짜릿하다. 하지만 괴롭다. 하지만 또 재밌다.

나는 오늘도 창작이란 굴레 안에 갇혀 고통스런 쳇바퀴를 열나게 굴린다.

여행 크리에이터의 고충

"이야~~ 놀러 다니면서 돈도 벌고! 좋겠다~~"

내가 가장 많이 듣고, 사실 가장 싫어하는 말이다. 물론 그렇게 보일 수밖에 없다는 걸 알고 있다. 좋은 곳에서, 좋은 걸 먹고, 늘 행복해 보이는 사진만 올리니까. 그러니 '놀 거 다 놀고 돈도 버는 삶'처럼 보이는 게 당연하다. 하지만 그 화면 밖에는 사진 몇 장으로 절대 다 담을 수 없는 수많은 고충이 있다.

첫째, 우선 여행 크리에이터를 하며 가장 힘든 순간은 날씨가 따라주지 않을 때다. 대부분의 콘텐츠를 야외에서 촬영해야 하

기 때문에, 날씨를 미리 체크하는 건 필수다. 시간대별 날씨, 시간대별 구름의 양, 시간대별 강수량, 풍속 등등 자세하고 복합적으로 확인해야 하기 때문에 네이버 날씨나 스마트폰 기본 날씨 어플이 아닌, '윈디(www.windy.com)' 어플 또는 사이트를 이용한다. 이 중에서도 가장 많이 확인하는 건 구름의 양인데, 구름이 두터우면 햇빛이 들지 않기 때문이다. 시간대별로 구름을 확인하고, 하늘이 맑을 시간에 맞춰 촬영하는 편이다. 일기 예보를 미리 확인하고 가도 날씨는 정말 운이라, 여행 크리에이터들끼리 서로 날씨 요정이냐 날씨 요괴냐 물어보며 농담을 주고받기도 한다.

두 번째, 유명한 여행지일수록 사람이 많기 때문에 사람이 없는 타이밍에 촬영하기 위해서는 남들보다 부지런해야 한다. 새벽부터 일찍 가서 촬영하거나, 사람이 줄어드는 순간을 하염없이 기다려야 하는 경우도 많다. 그뿐이랴, 일출/오후/일몰/야간 시간대마다 매력이 다르고 찍어야 하는 컷이 많아서, 하루 종일 밖에 있느라 좋은 숙소에 갔지만 눈만 겨우 붙이고 나올 때도 많다.

세 번째, 국내도 국내지만 해외 출장을 갈 때는 짧은 시간 안에 많은 촬영을 해야 하기 때문에 출발하기 전부터 미리 정보를 알아보고 계획해야 하는데, 이 시간도 무시 못 한다. 여행지별 이동 시간은 얼마나 걸리는지, 어떤 교통수단을 이용해야 하는지, 관광지의 휴일은 언제인지 운영시간은 몇 시부터 몇 시까지인지, 맛집은 어디인지 등등!! 알아

볼 게 천지삐까리다.

   네 번째, 개인적으로 제일 스트레스 받는 부분은 바로 옷에 대한 부분이다. 여행 가기 전에 그곳과 어울리는 옷을 미리 생각해서 짐을 싸야 하는데, 나는 패션 센스도 없을뿐더러 커플 사진을 더 예쁘게 찍으려면 써니의 옷까지 함께 생각해야 해서 스트레스가 이만저만이 아니다. 어디서 어떻게 입을지 머리부터 발끝까지 착장에 대한 고민을 수십 번 하며 방구석 패션쇼를 연다. 패션쇼가 마음에 들면 다행이지만, 그렇지 않을 때는 급하게 쿠팡과 지그재그 어플을 켠다. (쿠팡 로켓배송과 지그재그 직진 배송 사랑해요) 보통의 '여행'은 놀러 가는 거니까 그곳에 있을 예쁜 내 모습을 기대하며 옷도 고르고 짐도 싸고 할 텐데, 우리는 놀러 가는 게 아니라 일로 가기 때문에 더 스트레스를 받는지도 모르겠다.

다섯 번째, 이제 음식이 다 식고 난 뒤 먹는 건 너무나 당연한 일이 되었다. 식당에 가서 음식을 여러 가지 주문할 때 되도록 한 번에 서빙해 달라고 요청하는 편이다. 만약 하나씩~ 하나씩~ 천천히 서빙이 되면 우리는 모든 음식이 나올 때까지 먼저 나온 음식들을 먹지 못하기 때문이다. 메뉴를 하나씩 찍어도 상관은 없지만, 기왕이면 여러 개를 한 번에 놓고 '떼샷'으로 찍는 게 훨씬 풍성해 보이고 맛있어 보이기 때문에, 웬만하면 모든 음식이 나올 때까지 기다리는 편이다.

마지막으로 여행 크리에이터라면 모두가 공감할 가장 큰 고충은 바로, 순수익이 적다는 것이다. 앞에서 원고료 이야기를 할 때 잠깐 언급했지만, 여행에 드는 경비가 많기 때문에 실제로 남는 수익이 적은 건데, 꼭 필요한 경비 외에도 드는 비용이 생각보다 많다. 옷 사는 데 드는 비용부터 시작해서 여행지에서 먹는 식비, 기념품 구입 비용, 그 외 쇼핑하는 비용 등등 자잘한 지출이 많다.

"그래도 여행지에서 놀지 않느냐?"라고 반박한다면, 내가 출장 갈 때 한 번만 따라와 보라고 말하고 싶다. 남의 돈 받고 가는 여행이기 때문에 놀기는커녕, 시간이 생기면 부족한 컷을 찍거나, 밀린 릴스 편

집을 하거나, 여기서 더 안 자면 죽을 수도 있겠단 생각에 잠을 조금이라도 더 잔다. 눈앞에 아름다운 바다가 있지만, 숙소에 박혀서 릴스를 편집해야 한다니! 이래도 부럽단 말인가!?

어쩌다 잠깐씩 휴식을 즐길 수 있는 타이밍이 오긴 오지만, 일을 하러 온 것이기 때문에 진짜 놀러 왔을 때처럼 마음이 편하진 않다.

아침부터 밤까지 촬영하느라 고생 직살나게 하고, 여행 다녀와서는 편집하느라 밤새워가며 또 고생하는데, 통장은 늘 빈곤하다. 어쩌다 통장이 부유해질 때가 있는데, 그때가 바로 장비 업그레이드 타이밍이다.^^;; 카메라나 드론 등 촬영에 필요한 장비를 사고 나면 다시 '텅'장이 된다는 슬픈 이야기….

누가 여행 크리에이터는 놀러 다니며 돈도 번다고 하는가!

남의 돈 벌기 쉽지 않은 건 여행 크리에이터도 똑같다.

숫자가 뭐길래

이건 크리에이터를 하면서 깨닫게 된 건데, 생각해 보면 우리 삶에서 가장 큰 스트레스는 '숫자'에서 오는 것 같다.

크리에이터 일을 하면서 몇 년간 아침에 눈을 뜨자마자 내가 하는 일은 지난밤 올린 콘텐츠의 인사이트를 확인하는 거였다. 인사이트가 잘 나오면 세상 신나다가도, 안 나오면 나도 모르게 스트레스를 받았다. 그놈의 숫자가 뭐길래 이토록 나를 일희일비하게 만든단 말인가. 특히나 번아웃을 크게 겪고 의욕을 잃으면서 광고 콘텐츠만 주로 업로드하던 지난 1~2년간 내 팔로워 숫자는 4.7만에 머물러 있었다. 주변 크리에이터들은 팔로워가 쭉쭉 느는데, 나는 왜…?

내가 생각해 본 대표적인 이유 다섯 가지는 다음과 같다.

1. 생계를 위해 광고 콘텐츠를 많이 올렸으니, 당연히 팔로워들은 그
  에 대한 피로감을 느꼈을 거고, 더는 내 계정을 보고 싶지 않았을
  거다.

2. 새로운 유저에게 내 콘텐츠가 잘 노출되더라도 해당 콘텐츠만 저장/공유하지, 팔로우까지 연결되진 않는다. 이게 무슨 말이냐면, 예전에는 여행 정보를 주는 크리에이터들이 많지 않았기 때문에 정보만 꾸준히 올려도 팔로워가 잘 늘었다. 하지만 지금은 여행크리에이터가 기하급수적으로 많아지면서 콘텐츠만 저장/공유하고 팔로우는 하지 않는다.

3. 이제 사람들은 정보성 콘텐츠에 대한 피로감이 크다. 오히려 재미 위주의 가벼운 콘텐츠들이 더 인기 있다. 정보를 알려주는 사람보다 재밌는 사람을 팔로우하는 경향이 크다.

4. 트렌드를 따라가지도 않았다. 써니와 나 둘 다 트렌드에 예민하지 않고, 빠른 변화에 발맞춰 가는 것을 썩 내켜 하지 않았다.

5. 어디선가 크리에이터로 성공하기 가장 힘든 케이스가 '커플'이라는 이야길 들었다. 조회수 치트키는 아기와 반려동물이고, 그다음으로 구독자가 늘기 쉬운 케이스가 여자 혼자 하는 계정, 그다음으로 남자 혼자 하는 계정, 마지막으로 커플 계정이라는 이야기였다. 듣고 보니 맞는 말 같았다. 여자에겐 남자 팬이, 남자에겐 여자 팬이 생기기 좋은 구조인데, 커플은 엄청난 매력을 갖고 있지 않은 이상 굳이 남의 연애사와 꽁냥꽁냥 하는 걸 보고 싶진 않을 테니까.

나름 자기 객관화가 잘 되어있다고 생각했지만, 이 다섯 가지를 바꾸기 위한 노력은 딱히 하지 않았다. 정확히는 할 수 있는 여력이 없었다. 그러다 보니 나보다 낮은 팔로워를 가졌던 크리에이터 친구들이 점점 나를 추월하기 시작했다. 예전에 팔로워가 늘지 않아서 고민이라는 친구에게 '이렇게 해야 한다~ 저렇게 해야 한다~' 세상 꼰대같이 있는 척을 해댔는데, 시간이 지나면서 그 친구가 나보다 팔로워도 많아지고, 릴스 노출도 잘 되고 있다.

인스타가 오래된 계정보다 생긴 지 얼마 안 된 계정을 더 띄워주고 있다는 소문이 있던데… 이것 때문일까 싶어서, 어느 행사에서 우연히 메타 관계자분을 만났을 때 이 말이 진짜인지 여쭤봤다. 계정을 새로 파야 할지도 고민이라고 말씀드렸더니, 돌아온 대답은 전혀 그럴 필요 없다며 현재 계정을 잘 운영하라는 것이었다. 오래된 계정, 새로운 계정의 문제가 아닌, 콘텐츠 자체로 노출도가 달라진다고…. 하, 어렵다.

팔로워 숫자만으로 크리에이터를 판단할 순 없지만, 크리에이터 사회에서 가장 먼저 눈에 들어오는 것은 단연 '팔로워 수'이기 때문에 신경을 안 쓸래야 안 쓸 수가 없다. 광고주들에게도 나는 '몇'만 팔로워를 가진 '써니앤쎄이'고, 협업 단가도 팔로워 숫자에 따라 달라지기 때문에 모든 크리에이터가 팔로워를 늘리기 위해 노력하고 있다. 으, 지긋지긋한 숫자.

정체기를 겪는 약 1년이란 시간 동안 숫자는 나를 '은은하게' 괴롭혔다. (가장 큰 스트레스는 아니었음) 나만 멈춰있고 남들은 다 올라가는 느낌, 도태되는 건 아닐까 하는 불안함, 추월당하는 느낌까지….

하지만 시간이 지날수록 우리에게 콘텐츠의 2차 활용을 원하는 경우가 많아지는 걸 보면서 '우리 콘텐츠의 퀄리티에는 문제가 없구나' 깨

닿게 되었고, 2차 활용 비용까지 원고료도 평소보다 높게 받을 수 있었다. 팔로워 수가 엄청 높진 않지만, 우리만의 '커플' 콘셉트가 있기에 일이 끊이지 않았다. 게다가 관광청 행사나 각종 행사에 초대되는 경우가 늘어나면서 '팔로워 수'가 다가 아니라는 걸 느낄 수 있었다. 이 빡빡한 여행 크리에이터 사회에서 대체 불가한 크리에이터가 되리라 매일 다짐하고 생각한다. 앞으로도 숫자의 노예처럼 살긴 하겠지만^^ 어쩌겠어! 이게 내 일인걸!

최악의 하루

'촬영-편집-에너지 방전'

루틴 없는 나의 삶에 유일한 루틴이다. 캐나다에서 출장 겸 여행을 오랜 기간 하고 돌아오니 일이 한 번에 몰렸다. 쉴 새 없이 촬영-편집을 반복했고, 정신없이 바쁘던 와중에 친구들과 가기로 했던 캠핑날이 되었다. 우리까지 총 네 커플이 모이기로 했고, 멀리 가지 않고 대부도에 있는 캠핑장에서 1박 2일을 보내기로 했다. 당장 해야 할 일이 산더미처럼 쌓여있었지만, 몇 달 전부터 친구들과 했던 약속이기도 했고, 나도 오랜만에 친구들과 모여 놀 생각에 일은 잠시 잊고 재밌게 놀아야겠다고 생각했다. 친구들과 만나기 전에 의류 브랜드 촬영을 해야 해서 캠핑장 근처에서 촬영을 했는데, 이날따라 컨디션이 너무 안 좋았다. 온몸에 기운이 쭉 빠지고 아무것도 하기 싫었는데, 화장실을 다녀오고 나서 그 이유를 알게 됐다. 갑작스럽게 찾아온 대자연의 날. 하, 왜 하필 오늘인 걸까….

촬영을 부랴부랴 마치고 친구들을 만났다. 네 커플이 모여 복작복작 장도 보고 텐트도 치고, 각종 캠핑 장비들을 들고 나르다 보니 캠핑하는 분위기가 물씬 나서 재밌었다. 텐트를 다 치고 각자 챙겨온 음식들로 요리를 했고, 불판에 구워진 고기를 맛있게 먹기 시작했다.

"고기에 술이 빠질 수 없지!"

신나게 외치며 술을 가지러 갔다. 냉장고에 넣어두었던 1.5리터짜리 사이다와 500ml 맥주 두 캔을 양팔로 끌어안고 내 자리로 돌아오다가 텐트 줄에 걸려 넘어졌다. 텐트 줄이 꽂혀있던 바로 앞에 사람이 앉아 있어서 피할 수 있는(?) 공간이 없었고, 양팔로 음료수를 끌어안고 있는 상태이다 보니 손을 짚을 수 없어서 꽤 크게 넘어졌다. 하필 자갈밭 위라, 오른쪽 무릎과 팔꿈치, 왼쪽 손목을 돌멩이에 찧으며 넘어졌는데, 너무 아파서 눈물이 나올 정도였다.

돌멩이에 무릎이 찢기면서 피가 났고, 팔꿈치 뼈는 돌에 제대로 박으면서 순식간에 부어올랐다. 왼손바닥도 까져서 피가 났다. 넘어질 때 들고 있던 맥주 두 캔이 돌멩이에 찍히면서 터졌고, 젖은 옷에서는 맥주 냄새가 진동했다. 한껏 들떠있던 캠핑장의 분위기가 순식간에 가라앉았고, 모두가 나를 걱정했다. 친구 한 명은 차를 끌고 비상약을 사러 가주기까지 했다.

아프기도 했지만 쪽팔림과 동시에 좋았던 분위기를 내가 다 망친 것 같아 속상하고 화가 났다. 나를 부축하느라 정신없던 써니도 내가 이 정도로 크게 넘어진 걸 처음 봐서 많이 놀란 눈치였다. 다행히도 캠핑장이 야외 사이트만 있는 게 아니고 작은 방까지 함께 이용할 수 있는 곳이라, 방안에 딸린 화장실에서 상처 부위를 씻고 앉아 있을 수 있었다. 비상약을 사러 간 친구가 올 때까지 방 안에서 기다리며 아픔과 속상한 마음을 누르고 있었다.

각종 밴드와 약을 사다 준 친구 덕분에 빠르게 응급처치를 할 수 있었고, 이대로 분위기를 망칠 순 없으니 애써 괜찮은 척 밖에 나가 친구들에게 괜찮다고 말했다. 분위기는 금세 회복됐고 삼겹살, 감자탕, 닭갈비 등 맛있는 음식들을 잔뜩 먹으며 한참 수다를 떨었다.

그런데 이번엔 써니의 상태가 안 좋아지는 게 느껴졌다. 혼자 방에 들어가 누워있기를 반복하는 그에게 어디가 안 좋으냐 물으니 배탈이 난 것 같다고 했다. 지사제를 복용하게 하고 방에서 좀 쉬다 나오라고 했다. 한참 뒤에 나온 써니는 여전히 상태가 안 좋아 보였다. 이번에는 소화가 안 되는 것 같다고 했다. 그래서 소화제를 먹게 하고 쉬다 나오라고 했다. 친구들도 써니를 걱정하기 시작했고, 아무래도 내가 넘어질 때 많이 놀라서 그런 거 같다며 일단 쉬게 두자고 했다. 다 같이 재밌게 놀고 싶었는데, 우리가 번갈아 가며 아픈 게 너무 미안했다. 친구들과 놀다가도 중간중간 써니를 체크하러 방에 들어갔는데, 나아질 기미는커녕 시간이 지날수록 아파서 더 이상 그곳에 있는 건 무리라는 생각이 들었다. 친구들한테 미안하다고 인사를 하고 부랴부랴 짐을 챙겨 집으로 돌아오는데, 기분이 너무 안 좋았다.

아침부터 생리가 터진 것부터, 넘어져서 분위기를 깨더니 이번엔 아파서 끙끙거리기까지…. 그리곤 결국 중도 귀가 엔딩. 게다가 성치 못한 무릎으로 운전을 하니 무릎 통증이 더 심해졌다. 써니는 집에 도착하자마자 토를 한바탕 했고, 이틀간 제대로 먹지도 못하다가 겨우 회복됐다. 나중에 알고 보니 위경련 증상이었다.

최악의 하루였다. 최악도 이런 최악이 아닐 수 없었다. 더 슬픈 건, 이렇게 많은 일이 있던 하루의 끝엔 밤새 일을 해야 했다는 점이다. 새벽까지 일을 하고 잠깐 눈을 붙이고 일어나니 어제 넘어진 통증이 밀려오기 시작했다. 손목, 팔꿈치, 무릎… 넘어지면서 놀랐는지 근육통까지 오는데 쉬지도 못하고 다시 일을 했다. 며칠간 몸도 마음도 많이 지치는 시간을 보냈고, 일을 겨우 다 끝내고 이틀간 누워만 있었다. 잠시 푹 쉬면서 마음에 여유가 생기자 이런 생각이 들었다.

하필 넘어진 곳이 자갈밭이라 더 크게 상처가 났다고만 생각했는데, 그렇게 잘 정돈된 곳이었기 때문에 위험한 장애물이 없었고, 텐트를 고정해 주는 팩(쇠꼬챙이) 위로 넘어졌으면 더 크게 다쳤을 텐데 그러지 않았다. 손을 쓸 수 없는 상태로 넘어지는 바람에 크게 넘어진 건데 다행히 얼굴은 다치지 않았고, 캠핑장에서 집까지 50분이면 올 수 있는 거리라 집에 올 수 있어서 다행이었다는 생각이 들었다. 최악이라고 생각했던 하루가 돌이켜보니 다행이었던 것투성이였다.

일이 한 번에 몰리면서 스트레스가 극도에 달했었는데, 꼭 이럴 때 실수나 사고가 더 생기는 것 같다.

마음에 여유가 없으면 생각하는 폭도 좁아져서 부정적인 생각이 불쑥 먼저 튀어나온다. 마음의 여유는 언제쯤 생기는 걸까? 스트레스 조절, 일 조절… 그거 도대체 어떻게 하는 건데!!

장점도 단점도 최선을 다하는 것

나의 가장 큰 장점이자 단점은 '모든 일에 최선을 다하는 것'이다. 굳이 이렇게까지? 라는 생각이 들 정도로 모든 것에 최선을 다한다. 사람들은 내가 부지런하다고 입을 모아 얘기하지만, 사실은 누구보다도 '게으른 완벽주의자'다. '게으른 완벽주의자'의 특징은 이렇다.

- 시작을 미룬다 : 완벽하게 할 자신 없으면 아예 안 함
- 머릿속 계획은 완벽하다 : 실행은 안 하지만 구상은 끝없이 함
- 마감 직전에 몰아친다 : 압박이 있어야 움직임
- 디테일에 집착한다 : 굳이? 라고 생각되는 사소한 부분 때문에 일의 속도가 느려진다.
- 뒷심이 약하다 : 완벽에 집착하다 보니 초반에 에너지를 많이 써서 뒷심이 약함
- 일은 엄청 많이 하는데 결과물은 생각보다 없다 : 늘 바쁜데 왜 바쁜지 모르겠는 사람 = 나

이 외에도 많겠지만, 이게 나다. 협업을 꼼꼼하게, 완벽에 가깝게 해내고 나면 열 중에 아홉은 피드백이 좋게 돌아오는데, 그럴 때마다 느끼는 성취감이 세상 짜릿하다. 아무래도 성취감 중독인 건가?

조금만 대충하면 더 효율적으로 많은 콘텐츠를 만들 수 있을 텐데, 매번 최선을 다 해서 하얗게 불태우고 한 줌의 재가 되는 것을 반복한다. 그리고 나면 에너지를 재충전하는 것도 오래 걸린다. 이 얼마나 비효율적인 일인가.

혹시 저처럼 게으른 완벽주의자였다가 탈출하신 분 있나요? 있다면 비결 좀 알려주십쇼.

올해 제 목표 중 하나가 '대충 살기'인데 쉽지 않네요.

번아웃 아이콘의 번아웃 극복기

그동안 사람을 많이 만나며 느낀 건, 누구나 각자의 분위기와 에너지를 지니고 있다는 것이다. 그중에서도 나는 늘 눈이 반짝이는 사람들에게 끌렸다. 삶을 흘러가는 대로 두는 게 아니라 스스로 만들어가는 사람들 말이다. 그들의 눈빛은 언제나 선명하게 빛났고, 반대로 외부 환경에 휘둘리며 살아가는 사람들의 눈은 어딘가 흐릿해 보였다. 물론 각자의 사정이 있겠지만, 예전의 나는 그것을 이해하지 못했다. 내 삶은 내가 만들어가는 것이라 믿었고, 실제로 그렇게 살아왔다.

그런데 여행 크리에이터로 일하며 프리랜서가 된 뒤 몇 년은 전혀 달랐다. 눈앞의 일들만 처리하기에도 정신이 없었고, 감당할 수 있는 한계를 넘어서면서부터는 스스로를 끝없이 몰아붙였다. 그러다 문득 깨달았다. 어느새 나 역시 '살아지는 대로' 사는 사람이 되어있다는 것을. 반짝이던 눈빛은 사라지고, 무언가를 주도적으로 하려는 마음보다는 주어진 일을 어떻게 끝내느냐에만 집중했다. 그렇게 하루가 쌓이고 또 쌓이다 보니 어느 순간 이런 생각이 들었다.

'나 지금 행복한가?'

대답은 'NO'였다.

콘텐츠 마감 일정, 출장 스케줄, 기획안 작성, 답장해야 할 메일들⋯. 머릿속은 늘 해야 할 일들로 가득했고, 내가 좋아하는 일상의 여유는 끼어들 틈조차 없었다. 보고 싶던 영화가 개봉해도 영화 보러 갈 시간에 콘텐츠 편집부터 해야 한다는 생각뿐이었다.

'하고 싶은 일'보다 '해야 하는 일'이 우선순위가 되자 휴식은 사치처럼 느껴졌다. 쉬는 날이 생겨도 몸만 멈췄을 뿐, 마음은 계속 달리고 있었다. 쉬는 게 쉬는 게 아니었다. 삶과 일의 경계가 무너져 24시간 내내 일하는 기분이었다. 여행이 좋아서 시작한 일인데 언젠가부터 여행을 떠나는 게 싫어졌다. 사람을 만나는 것도, 콘텐츠를 만드는 것도, 글을 쓰는 것도 모두 버겁게 느껴졌다.

스트레스는 먹는 것으로 풀었다. 새벽까지 편집하며 야식을 먹다 보니 몸은 빠르게 무거워졌다. 거울을 볼 때마다 한숨이 나왔다. 살찐 내 모습이 낯설고 밉게 느껴졌지만, 처음 보는 숫자의 체중계 앞에서도 살을 빼야겠다는 다짐조차 하지 못했다. 그만큼 의욕도, 에너지도 고갈되어 있었으니까. 자존감은 점점 낮아졌고, 카메라 앞에 서는 게 부담스러워지기까지 했다.

이런 내 마음과는 달리 일은 점점 더 많아졌고, 언제 일이 끊길지 모른다는 불안함 때문에 적당히 조건이 맞으면 밤을 새워서 작업하는 한이 있더라도 들어오는 일을 받았다. 광고 콘텐츠 일정만으로도 벅찼다. 그렇게 매일 턱 밑까지 물이 차올라 있는 상태로 살다 보니 번아웃이 왔다. 작은 번아웃부터 큰 번아웃까지 여러 번의 번아웃을 겪고 나니 이쯤 되면 '번아웃의 아이콘'이라 불러도 되겠다 싶을 정도였다.

작은 번아웃은 비교적 쉽게 이겨낼 수 있었다. 잠깐 물에 잠겨 있다가도 다시 수면 위로 나올 수 있는 힘이 내 안에 있었다. 하지만 2024년 겨울에 찾아온 번아웃은 달랐다. 나를 저 깊은 바다 속으로 끌고 들어갔고, 혼자 힘으로는 도저히 빠져나올 수 없었다. 결국 부부상담을 통해 알게 된 선생님께 개인 상담을 받기 시작했다.

상담 선생님이 해준 말 중 가장 기억에 남는 건, 번아웃이 오는걸 알아차리려면 내 상태를 잘 관찰하고 자신을 믿어야 한다고 한다. '중요한 건 나에 대한 신뢰'라는 것이다. 평소와 다르게 의욕이 없거나, 쉬어도 쉰 것 같지 않고, 의미 없는 시간을 자꾸 보내게 될 때, 그건 내가 보내는 신호일 수 있다. 그리고 이런 번아웃 초기 증세가 나올 때 나를 방치하는 게 아니라, 나에 대한 신뢰를 가지고 다시 돌아보는 거다. 예를 들면 이런 거다.

'내가 원래 이러지 않는데 왜 이렇게 하기가 싫지? 평소와는 다르네?'

'내가 이런 사람이 아닌데 이렇다는 거는 지금 나한테 뭔가 문제가 있는 것 같은데?'

이런 식으로 나에 대한 신뢰가 있어야, 그 변화의 신호를 알아챌 수 있다고 하셨다. 지금 내가 일하기 싫은 이유가 단순한 게으름이 아니라, 평소와는 다르게 문제가 있다는 것을 눈치챌 수 있다는 거다. 만약 이럴 때, 나에 대한 신뢰가 부족하다면 스스로를 몰아붙이게 된다. 예전의 내가 그랬던 것처럼.

'프리랜서가 일이 많은 건 감사할 일인데, 일하기 싫다고? 배가 불렀네, 아주!'

'휴식은 사치야! 일부터 먼저 해!'

이런 식으로 나를 다그치면 결국 더 깊은 번아웃으로 빠지게 된다고 하셨다. 실제로 나도 그랬다. 선생님께서 하신 말 중에 내가 깊은 번아웃에서 탈출하게 된 결정적인 말은 이거였다.

"하던 일을 잠시 멈추고, 내 상태를 그냥 바라보세요. 지금 어떤 상태인지 정확히 인지하면, 그다음은 이미 은빈 씨 안에 답이 있어요."

이 말을 듣고 난 뒤로 일보다는 나에 대해 생각하는 시간을 가지려 노력했다. 좋아지기 위해 무언가를 또 해야 한다는 강박보다 먼저 내 상태를 있는 그대로 받아들이는 것이 큰 도움이 됐다. 그렇게 천천히 나를 들여다보니 지금 나에게 필요한 것이 온전한 휴식이고, 일에 대한 부담을 내려놓는 것이라는 걸 깨달았다. 예전에는 사치라고 느꼈던 일상 속 소소한 것들을 다시 누려보기도 하고, 보고 싶던 지인들도 만나면서 나를 위한 시간을 보냈다.

지금도 작은 번아웃이 찾아오곤 하지만, 이제는 어떻게 번아웃에서 빨리 탈출할 수 있는지를 알게 되어서 예전처럼 크게 무너지지 않는 것이 다행이라 생각한다.

인스타그램 스토리에 번아웃을 이겨내는 중이라는 글을 올렸더니, 평소보다 네 배는 많은 사람이 그 스토리를 봤고, 응원의 메시지를 보내주었다. 어떤 분은 이렇게 말해주었다.

'번아웃도 열심히 하는 사람들에게나 오는 거래요. 열심이들의 코스 중 하나인가 봐요. 은빈님 힘내세요! 우리 존재 파이팅팅!'

'열심이들의 코스' 너무나 와닿는 말이었다. 매사에 열심히, 최선을 다하려다 보니 번아웃도 함께 찾아온 거겠지. 나처럼 크고 작은 번아

웃을 겪고 있는 사람들 모두가 스스로를 다독이는 방법을 알게 되고,
조금은 덜 열심히 살아도 괜찮다는 걸 알게 되면 좋겠다.

번아웃 증상과 번아웃이 왔을 때 나에게 도움이 되었던 방법과 회복 방법을 정리해 보았다. 이젠 채찍만 들지 말고 당근도 많이 주는 내가, 당신이 되기를.

✦ 번아웃 증상

1. 지속적인 피로감 : 충분히 자도 개운하지 않고 항상 피곤함

2. 무기력감 : 하고 싶은 게 없고, 일상이 무의미하게 느껴짐

3. 일에 대한 의욕 상실 : 예전엔 즐겁던 일이 싫어짐

4. 자존감 저하 : '나는 왜 이것밖에 안 될까' 생각 반복

5. 집중력 저하 : 사소한 일에도 집중이 어렵고 실수가 많아짐

6. 짜증과 분노 증가 : 작은 일에도 짜증이 나거나 예민해짐

7. 사회적 거리 두기 : 사람 만나는 게 피곤하고 혼자 있고 싶어짐

8. 신체적 증상 : 두통, 소화불량, 수면장애 등 스트레스성 증상

9. 현실 도피 : 스마트폰, TV, 폭식 등 자극적인 것으로만 달래려 함

10. 우울감 : 슬픔, 공허함, 무가치함 등의 감정이 반복됨

✦ 번아웃 회복 방법

1. 충분한 휴식 : 의식적으로 '아무것도 안 하는 시간'을 만들기

2. 일시적 거리두기 : 일이나 인간관계에서 잠깐 벗어나기

3. 감정 기록하기 : 일기나 메모로 감정 정리(글로 쓰는 것만으로도 효과적)

4. 작은 성취 쌓기 : 너무 큰 목표 대신 작고 쉬운 목표부터 실천

5. 몸부터 돌보기 : 규칙적인 식사. 수면, 가벼운 운동

6. 의미 있는 시간 보내기 : 좋아하는 취미나 혼자만의 시간 확보

7. 나를 위한 칭찬 : 스스로를 다그치지 않고 인정하는 연습

8. 심리 상담 받기 : 필요하다면 전문가의 도움 받기

9. 디지털 디톡스 : SNS, 메신저 등에서 하루쯤은 멀어져 보기

10. '해야 한다'에서 '하고 싶다'로 : 의무감보다는 욕구 중심의 선
    택 연습

◆ 번아웃 회복에 도움이 되었던 과정

1. 전문 심리 상담사와의 상담

2. Chat GPT와의 글쓰기/감정 대화

3. '나날록' – 자아성찰을 돕는 감정 기록지

5장

'부부' 여행 크리에이터
써니앤쎄이

1년간 장거리 연애를 이어가다가 어느날 갑자기

제주살이에 꽂힌 나는 그에게 폭탄(?)선언을 한다.

"나 제주도로 내려가서 살아보려고! 일단은 3개월만 살아보게."

때마침 진로를 고민하고 있던 써니도 얼마 지나지 않아

나를 따라 제주도로 내려왔다. 그 시절 우리는 서로에게

푹 빠져 마음이 이끄는 대로 움직였다.

운명적인 첫 만남

2015년 무더위가 기승을 부리던 한여름, 나는 부산으로 향했다. 혼자 생각 정리를 하기 위한 시간이 필요했다. 로컬 사람들만 알만한 조용한 곳들 위주로 혼자만의 시간을 보내고 싶었고, 마침 부산에 살고 있던 인친(인스타 친구)이 생각났다. 서로 팔로우를 해두고 댓글 정도 주고받는 사이였는데, 피드가 온통 부산과 관련된 내용이라 누가 봐도 부산 사람이라는 것을 알 수 있었다.

그 부산 남자에게 메시지를 보내 로컬 사람들만 알만한 스팟들을 추천해달라고 했다. 그는 흔쾌히 추천해줬고, 대화를 나누다 보니 우리가 동갑이라는 사실을 알게 되었다. 그로부터 며칠 뒤 부산에 도착했다. 교통 관련 물어볼 게 있어서 다시 연락을 했다가 나도 모르게 이런 메시지를 보냈다.

'나 부산 도착했는데 차라도 한잔할래?'

2015년에는 인스타를 하는 사람도 많지 않았고, 온라인으로 알게 된 사람을 오프라인에서 만나는 경우도 흔하지 않았기 때문에 이때 무슨 생각으로 이런 말을 했는지는 아직도 모를 일이다.

이번에도 흔쾌히 오케이를 외친 부산 남자. 그를 만나기로 한 곳은 광안리였다.

　아직 시간이 남았길래 캔맥주 하나를 사 들고 광안대교가 가까이 보이는 방파제에 걸터앉아 이어폰을 귀에 꽂았다. 당시에 꽂혀있던 노래, 'When will I see your face again' 간질간질한 노래를 들으며 맥주를 한 모금 들이켰다. 덥지도 춥지도 않은 기분 좋은 바람이 솔솔 불고 있었고, 형형색색으로 빛나는 광안대교의 야경을 바라보고 있자니 이보다 더 행복할 수 없었다. 그렇게 한참을 힐링하고 있는데 그에게서 전화가 왔다. 거의 다 와 간다고 해서 위치를 설명해 주고 화장실에 갔다. 손을 씻고 나오려는데, 앞과 오른쪽이 벽으로 막혀있었다. 왼쪽으로 나가야지만 밖으로 나갈 수 있는 구조라서 고개를 왼쪽으로 돌리는 그 순간!!!

　…!!!!!!!!

큰 키에 다부진 체격, 뽀오얀 피부를 가진, 순정만화에나 나올법한 남자가 갓 세수를 마치고 나와 앞머리에 묻은 물기를 털고 있었다. '찹찹찹' 세 번 머리를 털었고 나와 눈이 딱! 마주친 순간, 이 남자에게 첫눈에 반해버렸다. 온 세상이 멈추고 우리 둘만 움직이고 있는 느낌이었다. 얼굴 뒤편에서 후광이 비쳤다. (과장하는 게 아니라 진짜임!!) 세상이 온통 흑백인데, 이 남자만 컬러풀하게 반짝이고 있었달까?!

"혹시, 인스타…?"

"어… 어…!! 맞아!"

살짝 어색한 인사를 나누고 어디를 갈까 하다가 저녁 될 만한 걸 먹자며 근처 수산센터로 갔다. 회 한 접시를 사고, 내가 멍게를 좋아한다고 하니 경상도 사투리로 멍게 한 접시도 달라고 하는 부산 남자라니. 햐, 설렌다. 회에 소주가 빠질 수 없다며 근처 슈퍼에 들러 술과 과자, 돗자리까지 야무지게 사서 광안대교가 보이는 방파제로 향했다. 돗자리를 펴고 앉아 여행 이야기를 하고, 인생 이야기도 하며 노상의 낭만을 즐겼다. 반짝이는 광안대교의 야경, 맛있는 회와 술, 솔솔 불어오는 바람, 순정만화 주인공 같은 이 남자까지. 모든 장면이 한여름 밤의 꿈 같았다. 살면서 이런 설렘은 처음이었다.

이야기가 너무 잘 통해서 밤을 꼴딱 새우며 수다를 떨었다. 해가 떴고, 내가 집으로 돌아가는 날이었다. 남포동에 있는 게스트하우스에 짐이 그대로 있어서 체크아웃하러 가려는데, 이 남자가 나를 데려다주겠다고 했다. 게스트하우스에 도착하자마자 짐을 챙겨 나와 생선구이 집에 가서 밥을 먹었다. 그리곤 헤어지기 아쉬웠는지 부산 전경이 보이는 카페에 데려가 주겠다며 롯데백화점으로 나를 데리고 갔다. 한숨도 못 잔 탓인지 잠도 쏟아지는 데다 숙취가 심해서 카페에서는 아무 대화도 하지 못하고 둘 다 뻗어 있었다. 그리고 이제는 진짜 헤어질 시간이 되었다. 지하철을 같이 탔고, 그는 집으로 가고, 나는 부산역에 내렸다. 아쉬웠지만 어쩔 수 없었다.

기차 시간까지 4~5시간이 남았는데, 잠이 쏟아져서 혼자 찜질방에 들렀다. 찜질방에 누워서 쉬고 있는데 저 앞에 앉아 있는 남자의 뒷모습이 마치 그 남자 같았다. 아니, 그 남자였으면 했다. 내가 미쳤지 미쳤어~~!! 생각이 들 정도였다. 이런 설렘이 평생 처음이라 언제 다시 올지 모르는 이 설렘을 놓치고 싶지 않아서 머리를 굴렸다. 기차표를 바꿀까, 수십 수백 번 고민했다. 코레일 사이트에 들어가 확인해 보니, 이때가 8월 초 휴가철 극성수기라 다음날 표는 이미 싹 다 매진이었다. 바꾸려면 다다음 날로 표를 바꿔야 했다. 아직 이 남자에게 다시 만나자는 이야기도 하지 않았지만, 지금 이 표를 바꾸지 않으면 두고두고 후회할 것 같아서 결국 나는 내일모레 돌아가는 일정으로 기차표를 바꿨다. 그리고 한숨 푹 자고 일어난 뒤 저녁 즈음에 그에게 메시지를 보냈다.

'나 찜질방에서 잠들어서 기차를 놓쳤어…ㅠㅠ 혹시 내일은 뭐 해?'

네가 좋아서 또 만나고 싶다는 말을 어떻게 하냐 이 말이야~~! 나의 마지막 자존심을 지켜주기엔 이만한 핑계가 없었다. 얼마 뒤 내일 시간 괜찮다는 답장이 왔다. 오 예!

다음 날, 부산 시민공원에서 우리는 다시 만났다. 뽀얗고 해맑은 청

년이 웃으며 내게 다가왔다. 다시 만나도 또 좋았다. 아니, 더 좋았다. 특별한 곳에 가지 않아도, 특별한 것을 하지 않아도 그저 공원에 앉아 이야기를 나누는 시간인데도 그렇게 행복할 수가 없었다. 시민공원과 송상현광장을 돌아다니며 산책도 하고, 다리가 아플 즈음엔 잔디에 앉아 수다를 떨었다. 그러다 이 남자에게 끼를 부려야겠다 싶었고, 허리가 아프다는 핑계로 그의 무릎을 베고 누웠다. 그랬더니 이 순수한 퓨어 보이가 흠칫 놀라는 것이 아닌가! 그리곤 여기서 명대사를 하나 날린다.

"니, 내 좋나~~??!!"(경상도 사투리.ver)

ㅋㅋㅋㅋㅋㅋㅋㅋㅋㅋㅋㅋㅋㅋㅋㅋㅋ (책에서 ㅋㅋ은 쓰면 안되는걸 알고 있다. 하지만 여기서 ㅋㅋㅋ 말고는 이 상황에 대해 표현할 방법이 없어서 써본다)

우리 부부의 첫 만남에 대한 질문이 가장 많은데, 그때마다 내가 이 이야기를 맛깔나게 해주면 사람들은 백이면 백 자지러진다. 특히 이 명대사 부분에서 말이다.

그래서 어떻게 됐냐고요?? 이 뒤는 열린 결말로 여러분의 상상에 맡기겠… 라고 하면 원성이 높아질걸 알기에. 이어서 말해주자면, 나에게 호감을 느끼고 있던 순수보이는 내가 대놓고 플러팅을 하자 한편으로는 좋으면서도 한편으론 장거리 연애에 대한 부담을 느꼈다고 한다. 그래서 나처럼 막 티 내지는 않았다. 하지만 다음날 집으로 돌아가는 나를 배웅해 주러 부산역에 나왔던 순수보이는, 그제야 반응하기 시작했다. (소리 질러~~~)

우리는 서울행 기차 앞에
서 세상 아쉬운 이별을 했다.
돌아갈 때가 다가오니 마음
의 문을 확 열던 순수보이.
이때부터 우린 제대로 된 썸
을 타기 시작했고, 3주 뒤 그
가 서울로 나를 보러 오면서
정식으로 사귀기로 했다.

그리고 2년 동안 풋풋 그
자체였던 행복한 연애를 했
다. 첫 1년은 전국을 돌아다
니며 장거리 연애를 했고, 다
음 1년은 제주로 내려가 같이
살면서 결혼을 결심했다. 연
애 2년 만에 제주에서 꿈에
그리던 야외 결혼식을 올렸

고, 지금은 벌써 9년차 부부가 되었다.

운명 같은 만남을 흘려보내지 않고 진짜 나의 운명으로 만든 써니와
쎄이의 첫 만남 스토리. 사랑은 쟁취하는 것! 재밌게 보셨다면 구독과
좋아요~~! 우하하.

파란 하늘 아래, 초록의 잔디 위에서

　서로에게 푹 빠진 우리는 '여행' 같은 연애를 시작했다. 어떤 날은 대전에서, 어떤 날은 대구에서, 어떤 날은 통영에서…. 부산과 서울의 간격을 좁혀보려 중간에 있는 도시에서 만나 여행하듯 연애를 했다. 한달에 한두 번 겨우 만날 수 있었지만, 400km라는 물리적인 거리는 우리를 막을 수 없었다. 오히려 그를 만나러 가는 3~5시간이 전부 설렘으로 가득했으니까! 이때 당시 가장 좋아했던 노래가 '아이유-금요일에 만나요'인데, 가사가 꼭 내 마음 같아서 어떤 날은 이동하는 내내 콧노래를 흥얼거리기도 했다. 그렇게 1년간 장거리 연애를 이어가다가 어느날 갑자기 제주살이에 꽂힌 나는 그에게 폭탄(?)선언을 한다.

"나 제주도로 내려가서 살아보려고! 일단은 3개월만 살아보게."

때마침 진로를 고민하고 있던 써니도 얼마 지나지 않아 나를 따라 제주도로 내려왔다. 그 시절 우리는 서로에게 푹 빠져 마음이 이끄는 대로 움직였다.

서툴게 시작한 첫 제주살이는, 돈도 많이 벌지 못하고 부족한 것도 많았지만 마음만은 풍족했다. 게스트하우스에서 매니저로 일을 하며 숙식을 제공받다가 두 달 뒤 게스트하우스를 나와 일자리도 구하고 집도 구했다. 제주의 자연과 가장 가까운 곳에서 사계절의 뚜렷한 변화를 느끼며 살아가는 삶. 꿈꾸던 삶 그대로였다.

그렇게 행복한 제주살이를 이어가던 중, 일이 생겨 본가에 잠시 올라와 있었다. 가족끼리 밥을 먹고 있는데 엄마가 갑자기 이런 말씀을 하셨다.

"은빈아, 결혼하려면 너희가 지금 제주에 있을 때 하는 건 어때? 네가 원하던 결혼식이 야외 결혼식이잖아. 엄마는 축의금 못 받아도 괜찮아."

… 그러네?? 진짜 제주가 딱이잖아!!

파란 하늘 아래, 초록의 잔디 위에서 소소한 야외 결혼식을 올리는 게 오랜 로망이었다. 결혼식에 대한 이야기가 나올 때면 나는 늘 내 로망에 대해 이야기하며 푸릇푸릇한 결혼식을 꿈꾸곤 했다. 평범한 결혼 식장에서 30분 만에 미션 수행하듯 찍어내는 결혼식이 싫었다. 내 결혼식만큼은 자연 속에서, 시간에 구애받지 않고 오래도록 축하를 받고 싶었다. 하지만 아직 경제적인 여유가 없었기에 결혼은 생각도 못 했었는데, 엄마의 말을 듣는 순간 머릿속에 구체적인 플랜들이 그려지기 시작했다.

'그래, 돈이 없으면 없는 대로 하면 되지! 우리가 제주에 있을 때 결혼 준비를 최대한 빠르게 해서 올해 안에 결혼식을 올리고, 내년에는 써니와 함께 호주로 워킹홀리데이를 다녀오면 되겠다!'

퍼즐 맞추듯 순서가 맞는 것 같은 느낌이었다. 제주에 있을 때 결혼 - 제주살이 종료 - 호주 워킹홀리데이. 제주로 돌아오는 내내 생각하면서 집에 도착했다. 그리곤 써니를 불러 앉혔다.

"자기야, 이리 와서 앉아봐. 할 말 있어."

어리둥절한 표정으로 내 앞에 앉은 써니의 두 눈을 쳐다보며 이렇게 말했다.

"나랑 결혼하자."

얼굴이 새빨갛게 변할 정도로 한참을 웃던 써니는 이내 웃음을 멈추곤 당황한 듯 골똘히 생각에 잠겼다. 당연히 긍정적인 반응을 보일 줄 알았는데, 심각하게 고민하는 모습에 살짝 김이 샌 느낌이었다. 몇 분이 지나고 그는 싫다고 했다.

충격이었다. 왜 싫으냐고 물으니, 부모님께 돈에 대한 부담을 드리기 싫어서란다. 나의 불도저 같은 막무가내 프러포즈는 처참히 실패했다. 서운한 마음에 실랑이를 벌이다 결국 싸움으로 번졌고, 다음날이 돼서야 그의 생각을 제대로 들을 수 있었다. 나와 결혼하고 싶은 마음은 당연하지만, 당장 돈에 대한 압박이 커서 싫다고 말했다며 미안하다고 했다.

돈은 최대한 아껴서 하면 된다고 그를 설득했고, 그때부터 방법을 찾기 시작했다. 2017년에는 야외 웨딩이 많지 않을 때라 마음에 드는 곳을 찾는 데 애를 먹었지만, 다행히 찾아냈다. 결혼식을 할 장소와 출장 뷔페까지 직접 발로 뛰며 알아봤고 결국 천만 원도 되지 않는 비용으로 결혼식을 준비할 수 있었다. 돈을 최대한 아끼기 위해 엄청 노력했지만, 가족들과 보내는 시간에는 아끼지 않았다. 제주에서 상견례를 하며 양가 가족이 함께 여행했고, 결혼식 전에도 제주를 여행하며 추억을 쌓았다.

드디어 대망의 D-Day! 야외 결혼식을 준비하며 날씨에 대한 걱정을 정말 많이 했는데, 하늘도 축복해주신 건지 날씨가 맑다 못해 구름 한 점 없이 쾌청했다. 넓은 잔디마당을 가진 펜션에서 결혼식을 올렸는데, 식장에 도착하니 초록의 잔디밭 위에 테이블과 의자, 버진로드가 예쁘게 잘 꾸며져 있었다. 하나둘 하객들이 도착하기 시작했고, 제주에서 알게 된 지인들과 육지에서부터 내려와 준 친구들, 친척들까지 반가운 얼굴들과 인사를 나눴다. 그리고 시작된 우리의 결혼식!

"오늘 밤 주인공은 나야 나~! 나야 나~~!!" 노래에 맞춰 신랑이 입장했고, 아빠 손을 잡고 신부 입장도 마쳤다. 주례를 없앤 대신 양가 아

버님께 축사를 부탁했고, 아버님은 감동이 가득한 축사를, 아빠는 유쾌하게 웃을 수 있는 축사를 준비해 주셔서 결혼식의 분위기도 정말 좋았다. 양가 부모님과 인사하는 시간에 엄마와 눈을 마주쳤는데, 지금까지도 나를 바라보던 엄마의 표정을 잊을 수가 없다. 딸을 시집보내는 엄마의 아쉬움, 걱정, 대견함, 뭉클함… 모든 것이 느껴졌다. 순간 울컥했지만 내가 울면 엄마도 눈물을 흘리실 것 같아서, 눈물 대신 웃음을 지어 보였다.

축가는 대학 동아리 친구들에게 부탁했고, 본식이 끝난 뒤에 2부 행사에서는 퀴즈를 맞추는 하객에게 선물을 주는 게임 시간도 가졌다. 모든 식이 끝나고 해가 저문 뒤에는 가장 큰 펜션 동에 신부 친구들과 신랑 친구들이 다 같이 둥글게 모여 술도 마시고 게임도 하면서 새벽 4시까지 뒤풀이를 즐겼다.

다음날은 일찍 돌아가는 친구들을 챙기느라 아침 8시부터 오후까지 하객들을 배웅했다.

자연 속에서 하는 예쁜 야외 웨딩, 30분 만에 끝나지 않고 하객 모두 재밌게 즐길 수 있는 결혼식, 식이 끝난 뒤에는 대학 MT라도 온 것 같았던 뒤풀이까지! 모든 게 내가 그토록 바라던 결혼식이었다. 결혼식이 끝나고 나는 약 일주일간 몸져누웠다. 내 모든 욕심과 로망을 이루고 나서야 결혼식을 짧게 하는 이유가 있다는 것을 알게 됐다. 하하하.

이혼 위기에 부부상담을 받다

"호주는 시급이 높아서 돈을 많이 벌어올 수 있다던데, 우리도 더 나이 들기 전에 워킹홀리데이 다녀올까?"

결혼한 지 1년이 채 되지 않았을 때 우리는 호주로 떠났다. 집돌이 써니가 꺼낸 한마디에 추진력 여왕인 내가 일을 벌인 것이다. 해외 생활이 처음인 데다 영어 회화를 어려워하는 그를 위해, 캐나다 워킹홀리데이 경험이 있던 내가 많은 역할을 해야겠다는 마음의 준비를 하고 갔다.

타지에서 외국인 노동자로 산다는 건 굉장히 힘든 일이라는 걸 나는 잘 알고 있었다. 반면에 써니는 호주에 가면 시급이 높은 곳에서 외국 친구들과 어울리며 돈도 벌고 여행도 할 수 있을 거라는 희망찬 꿈을 안고 있었다. 이때는 몰랐다. 우리가 워킹홀리데이에 임하는 자세와 속도가 이렇게나 다르다는 것을.

환상만 가득했던 써니는 호주에 도착하자마자 언어의 벽에 부딪혔다. 이력서를 쓰는 일도, 일자리를 구하는 일도, 외국인과 안부를 묻는 일마저 쉽지 않았던 그는 점점 작아졌다. 그리고 그가 작아질수록 나는 커져야 했다. 당장 눈앞의 생계를 책임져야 했기 때문이다. 말도 통하지 않는 타국에서 둘이 함께 산다는 것은 아주 힘든 일이었다. 생각보다 일자리를 구하는 게 쉽지 않았고, 시간은 하염없이 흘렀다. 시간이 흐르는 만큼 우리의 불안도 커졌다. 나는 어떻게든 이 위기를 이겨내려 애썼고, 그는 커진 위기에 조금씩 짓눌려갔다. 내가 시도하는 모든 것에 부정적인 말과 행동을 보이며 내 사기마저 떨어뜨렸다.

겨우 일자리를 구해도 우리가 생각하는 것보다 상황이 열악했다. 몇 번의 이동을 했고, 그때마다 일자리도 바뀌었다. 일이 쉽게 구해지지 않으면 그의 부정 에너지는 극에 달했다. 한 번은 주차되어 있던 우리 차를 누가 긁어서 보험 처리를 해야 할 일이 생겼는데, 이런 사건 사고가 생기면 영어가 가능한 내가 혼자 상황을 해결해야 했다. 일자리를 구하는 것도, 사고를 해결하는 것도…. 분명 우린 함께 호주에 왔는데, 나 혼자서만 아등바등하는 느낌이었다. 각자 불만이 쌓이기 시작했고, 대화가 줄어들었다. 서로에게 맞추기만 해도 바쁠 1년차 신혼부부에게 호주 워킹홀리데이는 크나큰 시련이었다.

시간이 지날수록 관계가 점점 악화되어 이혼을 생각하기에 이르렀다. 그때 당시를 떠올려보면, 단순히 '힘들다'를 넘어서서 마음이 '피폐'했다. 혼자서 두 사람 몫을 해내는 일은, 전에 없던 외로움마저 느끼게 했다. 나도 여자로서 남편에게 의지하고 싶을 때도 있고, 힘들다고 투정 부리고 싶을 때도 많았지만, 그때의 나에겐 그저 사치일 뿐이었다. 집에서도 일터에서도 그와 24시간 붙어있는 시간이 숨 막히고 불편했다. 그러던 어느 날 친한 동생에게서 안부 전화가 왔다.

"누나! 잘 지내?"

평범한 안부 인사였는데, 말문이 턱 막혔다. 차마 잘 지낸다고 거짓말을 할 수가 없었다. 그런 내 모습이 처량해 하염없이 눈물이 흘렀다. 사태의 심각성을 알게 된 동생이 부부상담(심리상담)을 추천해줬다. 지푸라기라도 잡는 심정으로 써니에게 상담을 받아보자고 여러 번 말했지만, 그는 늘 거부반응을 보였다. 우리 사이가 상담받을 정도로 심각하지 않다고 생각했을 수도 있고, 둘만의 힘으로 어떻게든 해결할 수 있다고 생각했을 수도 있다. 하지만 나는 이미 둘만의 힘으로 이겨낼 수 없을 정도로 지쳐있었기 때문에 그의 마음이 바뀌기를 기다리는 수밖에 없었다. 부부상담을 받기 시작할 때 중요한 포인트 중 하나가 남편과 아내 모두의 동의하에 상담을 시작해야 효과를 볼 수 있기 때문이다. (일방적으로 한쪽만 원해서 시작하게 되면, 오히려 상담에 대한 반감만 커질 수 있다고 한다.)

써니는 일단 둘이서 노력할 수 있는 데까지 노력해 보고, 그래도 안 되면 그때 상담을 받겠다고 했다. 그 후 여러 번 대화로 잘 풀어보려 했지만 반복되는 상황에 점점 더 지쳤고, 가만히 있다가도 눈물을 뚝뚝 흘리는 나를 보더니 결국 상담받는 것에 동의했다. 그런데 막상 상담을 받으려고 하니 불안했다. 상담을 받을 때는 서로 회복된 것 같다가, 상담이 끝나고 나면 다시 원상태로 돌아갈까 봐. 상담을 추천해 준 동생에게 물어봤더니 동생은 이렇게 대답했다.

"상담을 통해 자신을 제대로 통찰한 것은 순간의 감정이 아니라서 오래 지속될 거야. 걱정 마, 누나."

이 말을 듣고 바로 상담을 시작했다. 신청서에 간략하게 인적 정보와 신청 이유, 해결하고 싶은 것 등을 작성한 뒤 일주일에 한 번꼴로 선생님과 화상 채팅을 했다. 사람에 따라 속도의 차이는 있겠지만, 심리상담은 최소 7회~10회는 받아야 효과가 좋다고 했다. 시간은 1시간 안팎이었고, 금액은 생각보다 비싸게 느껴졌지만, 지금 생각해 보면 그렇게 비싼 금액도 아니다. 둘이 함께 다섯 번 부부상담을 받았고, 각각 한 번씩은 개인상담으로 진행했다.

상담사 선생님에 따라 효과의 차이가 엄청 다르기 때문에 선생님의 비중과 역할이 크고 중요하다. 우리는 다행스럽게도 좋은 선생님을 만나 효과를 크게 볼 수 있었다. (추천해 준 동생과 선생님께 무한 감사를!)

상담을 받을 때 가장 중요한 점은 상담받는 사람의 마음가짐이다. 마음의 문을 열고 임할수록, 나의 속마음을 있는 그대로 이야기하고 받아들일수록, 상담의 효과는 배가 된다. 그리고 서로의 관계가 아예 회복이 안 될 정도로 끝까지 갔을 때 받는 것보다, 어느 정도 소통이 가능할 때. 최대한 빠르게 받을수록 효과가 크다고 한다. 다행스럽게도 우리는 이 두 가지에 모두 해당됐다.

첫 상담이 시작됐고, 선생님이 나의 고충을 알아주는 것 같을 때마다 그동안 힘들었던 것들이 떠오르며 눈물이 계속 나왔다. 어쩌면 우리 사이가 다시 회복될 수도 있겠다는 희망에 상담이 끝났을 땐 마음이 한결 가벼워진 느낌이었다.

두 번째 상담에서는 사전에 작성했던 성격검사에 대한 설명을 들었다. 이때는 지금만큼 MBTI가 알려지지 않았을 때라서 우리의 MBTI 성향을 알게 됐을 때 조금 생소했다. 나는 ENTP, 남편은 INFJ. 각각의 성향에 대해서 자세한 설명을 들었고, 그제야 우리가 애초에 다른 사람이라는 것을 실감할 수 있었다. 그리곤 몇 가지 상황극을 통해 평소에 대화 나누는 스타일이 어떤지를 알 수 있었다.

우리의 상황과 성격상, 조금 더 적극적이고 공격적인 내가 공격적인 것을 줄여야 하고, 조금 더 수동적이고 방어적인 남편이 방어적인 성향을 줄여야 하는 것이 핵심이었다. 한마디로 나는 표현을 부드럽게 하며 남편을 기다려주어야 했고, 남편은 마음속 감정을 더 솔직하고 빠르게 표현해야 했다. 이런 성향을 가진 경우에는 공격적인 쪽이 먼저 노력을 해야 한다고 하셨는데, 그 이야기를 듣자마자 '왜 또 내가 먼저…?’라는 생각에 사로잡혔다. 싸울 때도 입을 꾹 닫아버리는 남편 때문에 항상 내가 먼저 풀었고, 우리 사이의 회복을 위해 부부상담을 받자고 먼저 제안한 것도 나인데, 왜 또 내가 먼저 해야 하는지…. 이미 마음이 너덜너덜해진 상태였는데 더욱 암담해졌다. 상담이 끝난 후 한 참을 울었다. 그로부터 며칠간 일도 손에 안 잡힐 정도로 복잡한 마음 이었는데, 시간이 지날수록 마냥 억울하기만 했던 감정은 사라지고 조 금씩 나의 단점과 마주했다. 그러자 한결 마음이 편안해졌다. 이제야 남편을 받아들일 마음의 준비가 된 것이다. 그렇게 총 7번의 상담을 받으며 우리는 서로 노력했다. 나는 표현을 부드럽게 하며 남편을 기 다려주었고, 남편은 속마음을 정리한 뒤 차분히 이야기해주었다. 이렇 게 하니 서로에 대한 오해와 서운함이 줄어들었다. 처음에는 이렇게 되기까지 오랜 시간이 걸렸다. 하지만 반복하다 보니 점점 익숙해졌 고, 다툼도 많이 줄어들었다.

또 트러블이 생길 때마다 늘 ‘함께’ 해결하려던 습관을 고치려고 노 력했다. 혼자만의 시간을 충분히 보내며 스트레스를 해소하고, 생각을 정리할 여유가 생기니 싸움이 커지지 않았다. 그렇게 우리 사이는 차 츰 회복되었다.

상담을 받으며 가장 기억에 남았던 게 있는데, 바로 ‘화’라는 감정에 대한 것이다. 남편 때문에 화가 난다고 말씀드렸더니, 선생님은 이렇 게 말씀하셨다.

“인간이 느끼는 감정은 기쁨, 슬픔, 화, 불안, 행복 등등 여러 가지 감정이 있어요. 그중에 '화'라는 감정이 가장 빠르게 표출되는데, 화가 나기까지는 분명히 화가 나게 된 이유가 있어요. 하지만 '화'가 워낙 빠르게 표출되다 보니, 이유도 모른 채 일단 화로 표출되는 경우가 많은 거죠. 예를 들면 억울해서 화가 나거나, 수치스러워서 화가 나거나, 서운해서 화가 나거나 등등 화로 표출되기 전에 그 이유가 되는 감정이 있습니다."

이 말을 듣자마자 뒤통수를 세게 맞은 듯 머리가 띵했다. 그러고 보니 그동안 이유도 모른 채 화부터 냈던 내 모습이 떠올랐기 때문이다. 선생님은 우리에게 생각할 시간을 잠시 주고는 말을 이어가셨다.

"앞으로는 화가 날 때, 그 이유가 되는 감정에 잠시 머무르는 연습이 필요해요. 그리곤 그것을 화로 표출하는 게 아니라, 그 감정을 이야기해야 해요. 예를 들어 서운해서 화가 났다면, 이유가 되는 서운함을 먼저 캐치한 뒤, 상대방에게 화로 표출하는 게 아니라, 서운함을 표현하는 거죠. 여기서 주의할 점은, 상대방에게 내 감정을 전달할 때, '~해서 ~했고 ~때문에 서운해!'라고 부연 설명을 많이 하는 것보다, '나 많이 서운해'처럼 감정만 간결하게 전달하는 것이 훨씬 효과적이에요. 그래야 상대방이 혼란스럽지 않고 내 감정에 집중할 수 있어요."

다시 한 번 정곡을 찔렸다. 서운하다고 할 때도 부연 설명을 잔뜩 곁들였던 내 모습이 파노라마처럼 지나갔다. 그래서 써니가 내 서운함을 보듬어주기 힘들었던 거구나.

상담을 하며 내가 나를 잘 안다고 생각했던 게 자만이었다는 걸 알게 됐다. 나도 모르게 감정을 외면할 때도 있었고, 감정이 어떤지 모르고 지나칠 때도 많았다. 남의 이야기는 그렇게 경청해 주면서 왜 나의 내면 깊은 곳의 외침은 외면했을까.

돌이켜보면 호주에서 받았던 이 상담이 내 인생에서 정말 중요한 포인트였던 것 같다. 이때 받았던 부부상담 이후에도, 원래 내 모습을 잃어버릴 것 같을 때나 스스로 일어날 힘이 부족할 때, 혼자서는 도저히 해결할 수 없을 때 개인상담을 받곤 한다. 상담을 받는다고 힘들었던 문제가 바로 해결되는 것은 아니지만, 회차가 늘어날수록 내가 나를 어떻게 다루어야 할지 알게 된다. 당연하게 생각했던 것들이 당연하지 않았음을 알게 되고, 몰랐던 내 모습을 마주하게 되고, 힘든 순간이 닥쳤을 때 어떻게 헤쳐 나가야 할지 조금씩 배우는 중이다. 오늘도 나는 마음 근육을 키우며 성장하고 있다.

미우나 고우나 우리는 한 팀

목표가 뚜렷한 나는 오직 목표를 향해 올라가고 싶어 했다. 그러다 보니 남편을 사적으로 대하기보다 공적으로 대하는 경우가 많았고, 그는 늘 서운해했다.

일하는 방식에서도 온도 차이가 컸다. 나는 꼼꼼하게 완성도 높은 결과물을 만들어내고 싶어 했고, 그는 빠르게 많은 것을 하고 싶어 했다. 함께 취재를 갈 때면 서로의 의견이 달라 부딪히는 일이 많았다.

각자 추구하는 사진 스타일도 완전히 다르다. 나는 여행지의 풍경과 우리가 함께 나오는 인물 사진 위주로 찍고 싶어 하고, 써니는 풍경 위주의 감성 사진을 찍고 싶어 한다. 촬영 타이밍이 겹칠 때가 많았는데, 이때 서로 먼저 찍고 싶어 하다가 감정 다툼으로 이어지는 경우도 허다했다. 사소한 것까지 부딪히는 게 많아서 나는 우리가 일적으로는 맞지 않는다고 생각했다. 혼자서 독일 출장을 다녀오기 전까진.

항공사 사이트를 뒤적거리던 어느 날, 독일 프랑크푸르트까지 가는 직항 비행기가 왕복으로 75만 원에 뜬 걸 발견했다. 유럽 직항인데 이 가격이라니! 어떻게든 독일에 가야 할 이유를 만들었다. 이번에도 여행을 일로 만드는 것에 성공했고, 당연히 티켓 두 장을 끊었다. 그로부터 며칠 후 써니가 충격적인 말을 했다.

"나는 독일 가기 싫어. 안 갈래."

이런 적은 처음이라 적잖게 당황했다. 당시 우리 사이가 좋지 않았고 서로 예민했던 시기여서, 나도 싫다는 사람 붙잡아서 억지로 가고 싶진 않았다. 그리고 이 기회에 써니와 떨어져 일과 여행을 즐길 수 있겠다 싶기도 했다.

하지만 나를 촬영해 줄 누군가가 필요했다. 그래서 친한 동생에게 경비의 일부를 내가 제공할 테니 함께 가자고 제안했고, 동생은 흔쾌히 승낙했다. 써니가 아닌 다른 사람과의 해외여행은 처음이라 솔직히 조금 설렜다. 서로 다툴 일 없이 일에만 집중할 수 있겠다고 생각했다.

그렇게 프랑크푸르트에 도착한 날, 숙소로 가는 길부터 위기가 찾아왔다. 그동안 무거운 짐을 묵묵히 들어주고, 내비게이션 역할도 해주던 써니가 없으니 그 모든 일을 내가 감당해야 했다. 28인치 캐리어와 배낭을 메고 낑낑거리며 겨우 숙소에 도착했다.

다음 날 아침, 바로 하이델베르크로 취재를 다녀왔다. 겨울 유럽의 추위를 잘 몰랐던 나는 얇은 옷차림으로 나서는 실수를 했다. 취재는 무사히 마쳤지만, 하필이면 프랑크푸르트로 돌아오는 버스가 지연돼 한 시간 반을 밖에서 떨어야 했다. 주변에 마땅한 상점도 없어서 그대로 추위와 싸워야 했고, 결국 그날 밤 몸살감기에 걸렸다. 출장 첫날부터 몸살이라니…. 밤새 고열에 시달리며 끙끙 앓았다. 코로나에 걸렸을 때보다 훨씬 더 아파서 다음날까지 아무것도 할 수 없었다. 써니와 함께 다닐 때 이런 상황이 생기면 항상 그가 날 간호해 주곤 했는데, 이번엔 혼자 아프려니 조금 서럽기도 했다. 동생이 옆에서 간호해 줬지만, 동생의 여행까지 망치는 것 같아 미안한 마음이 들었다. 그리고 결정적으로 써니와 함께 다닐 때는 우리 둘이 한 '팀'이라서 한 명이 일을 못 해도 다른 한 명이 일을 하면 되는데, 이번에는 내가 아프다고 동생에게 대신 일을 시킬 순 없어서 난감했다. 독일 여행 첫날부터 그의 부재가 유난히 크게 느껴졌다. 지독했던 몸살은 곧 기침으로 변했다. 하루 푹 쉬며 조금 회복했지만, 완전히 회복되진 않았다. 다음 날부터는 원래 일정대로 도시를 이동하며 취재를 이어나갔다.

2주간 유럽의 크리스마스 마켓을 취재하면서 여자끼리 여행하는 것도 매력적이었지만, 써니가 생각나는 순간이 많았다. 식성도 비슷하고 서로 눈치 봐야 할 게 없어서 편했었는데, 동생과 함께 다닐 때는 아무래도 동생이 원하는 부분도 챙겨줘야 하고, 여자만 둘이다 보니 안전상의 문제에서도 신경 쓸 부분이 많았다. 덩치 큰 써니와 함께 다닐 때는 항상 보호받는다는 느낌이었는데, 이번엔 내가 동생을 보호해 주어야 하는 임시 보호자가 된 셈이었다. 이런 부분들이 하나씩 쌓이면서 써니의 소중함을 점점 더 느꼈고, 우리가 참 잘 맞는 여행 파트너이자 좋은 팀이었다는 걸 알게 되었다. 그렇다고 동생과 함께한 여행이 별로였다는 건 아니다. 워낙 착하고 좋은 동생이라 서로 배려해 주면서 유럽의 크리스마스 마켓을 잘 담아왔다.

써니는 한국에 있으면서 그가 해야 할 일을 했다. 우리가 앰버서더로 활동했던 괌 관광청 파티도 다녀오고, 일로 가야 했던 국내 팸투어도 다녀왔다. 그동안은 내가 꼭 있어야만 일이 진행된다고 생각했는데, 이번을 계기로 우리가 꼭 함께하지 않아도 각자의 일을 할 수 있다는 가능성을 발견했다. 일의 범위가 더 넓어지겠다는 희망이 보여서

이번 독일 2주 출장이 나에겐 참으로 값진 시간이었다. 써니도 나의 소중함을 많이 느꼈다고 했는데, 진짜 그랬는지는 귀국 후에 찬찬히 들어봐야겠다.

부부이면서 일도 같이하는 '이중관계'

부부이면서, 부부가 함께 일도 하는 관계를 '이중관계'라고 한다.

결혼한 지 9년, 이중관계로 접어든 지는 5년째인데, 부부 여행 크리에이터로 일하는 게 좋으면서도 힘든 순간들이 많았다. 화장실 가는 순간을 제외하고 24시간 붙어서 함께 일하다 보면 보고 싶지 않은 상대방의 단점과도 마주할 수밖에 없다.

우리 부부는 서로의 역할이 조금 뒤바뀐 케이스인데, 여자인 내가 비교적 진취적이고 적극적이며 남편은 수동적이고 섬세한 면이 있다. 이러한 성격이 함께 일할 때도 비슷하게 적용되곤 한다. 서로의 장점만 부각되면 좋으련만, 왜 자꾸 단점이 드러나는지. 그리고 그 단점은 일이 바빠질수록 더욱 선명하게 드러났다. 일로써 서로를 대해야 하는 순간이 많아졌기 때문이다.

우리에게 스위치가 있으면 좋겠다는 생각을 한 적도 있다. 'ON' 버튼을 누르면 일하는 모드로 바뀌어서 감정을 섞지 않고 서로가 일에만 몰두하다가, 'OFF' 버튼을 누르면 다시 부부 모드로 돌아와 일에 대한 생각을 끄고 부부로서 서로를 대할 수 있게 말이다. 하지만 현실은 그렇지 못하다. 하루에도 수십 번, 수백 번 ON/OFF 스위치가 꺼졌다 켜졌다를 반복하며 뒤섞이니 말이다.

그동안 함께 일하며 학습되어서인지 요즘은 이 스위치를 껐다 켜는 것이 많이 나아졌지만, 예전에는 그러지 못했다. 일해야 하는 순간에 자꾸 감정이 섞이니 자연스레 예민해졌다. 사진과 영상에서 우리의 다정한 모습을 보여줘야 하는데, 웃음이 안 나오는데 어떻게 웃으란 말인가! 하지만 지금은 다르다. 이 사진도 체력적으로 한계를 느꼈을 때

찍은 사진이다.

"자기야, 우린 프로야. 웃어! ^_^"

가장의 무게

결혼하고 난 뒤부터 나는 우리집의 가장이었다. 어렸을 때는 몰랐다. 가장이 짊어져야 하는 무게가 이렇게 무거운 줄은.

IMF 때 아빠가 하시던 사업이 어려워지면서 이사를 많이 다녔다. 그때가 초등학교 5~6학년쯤이었는데, 그 몇 년간은 부모님의 표정이 기억나질 않는다. 가족끼리 보낸 시간도 잘 기억나질 않는다. 부모님은 순식간에 불어난 빚을 갚기 위해 늘 바쁘셨다. 육체적으로도 정신적으로도 많이 힘드셨을 텐데, 나와 동생의 등하교는 꼭 챙겨주셨다. 그때 당시엔 마냥 철없는 초등학생이라 우리 집 사정이 얼마나 안 좋았는지에 대해서는 크게 신경 쓰지 않았었는데, 20년이 지나고 나서야 그 모든 게 부모님의 노력 덕분이라는 사실을 깨달았다.

최근에 가족이 다같이 외식을 하던 자리에서 어쩌다 급식에 대한 이야기가 나왔는데, 엄마가 이런 말씀을 하셨다.

"나는 그때 너희 급식비를 제때 못 내서 너희한테 미납 독촉받게 한 게 아직도 너무 미안하고 한이 맺혀."

생각도 못 했던 이야기라 좀 놀랐다. 정확히 기억나진 않지만, 급식비 미납에 대해 한순간도 창피한 적이 없었던 건 확실하다. '엄마가 바빠서 못내셨구나—' 대수롭지 않게 생각하고 넘길 만큼, 부모님은 우리에게 그때 당시 힘들었던 티를 전혀 내지 않으셨다. 부유하진 않았지만 그래도 남들 하는 만큼은 누리며 살 수 있었고, 그 덕분에 이사도 전학도 많이 다녔지만, 어디를 가도 모나지 않게 잘 적응할 수 있었다.

그런데 그때 부모님의 나이가 지금 내 나이다. 얼마나 힘드셨을까. 가늠조차 할 수 없다. 나는 우리 부부의 생계를 챙기는 것만으로도 이렇게나 벅찬데 말이다.

나는 30대가 되고 나서야 내가 진짜 하고 싶은 일에 도전했다. 그게 바로 여행 크리에이터다. 열정 가득한 경주마처럼 열심히 달렸더니 다행히 성과가 좋았다. 우리를 찾아주는 곳이 끊임없이 생겼고, 점점 이 업계에 아는 사람도 많아졌다. 무엇보다 사람 강은빈으로도, 남편과 함께 써니앤쎄이로도 더 발전하고 있다는 것을 느끼고 있다. 하지만 시간이 지날수록 내가 짊어지는 무게가 점점 무거워졌다.

부부가 함께 전업으로 여행 크리에이터를 하면서 고정적인 수입 없이 매번 들쑥날쑥한 수입으로 산다는 것이 이렇게나 불안하고 힘들 줄은 몰랐다. 일이 많을 때는 많아서 힘들다가, 일이 없을 때는 금전적인 문제 때문에 힘들다. 언제쯤 우리만의 아늑한 보금자리를 가질 수 있을까? 언제쯤 물려받은 오래된 차가 아닌 깔끔한 새 차를 가질 수 있을까? 그리고 언제쯤 우리를 똑 닮은 아이를 가질 수 있을까?

사실 나는 6~7년 전부터 아이를 갖고 싶었다. 하지만 우리의 상황이 아이를 갖기에는 너무나 불안정했기에, 1년씩 계속 미루고 미루다 벌써 36살이 되었다. 아이들이 예뻐 보인 지는 벌써 한참 되었다. 이제는 상황이 어떻든 아이를 가지고 싶다. 시간이 갈수록 더 조급해진다. 삶의 무게, 가장의 무게는 생각보다 훨씬 더 무겁다.

나의 해피 바이러스

나에겐 끊임없이 긍정적인 에너지를 주는 존재가 있다. 그건 바로 가장 가까운 곳에서 언제나 나를 지지해 주고 응원해 주는 엄마다. 엄마는 아주 소소하고 평범한 것들에도 늘 긍정적인 해피 바이러스를 뿜어내신다. 지금은 회사 일과 취미생활을 함께 병행하며 행복한 일상을 즐기고 계시지만, 엄마에게도 굉장히 힘든 시기가 있었다. 내가 고등학생 때 오십견에 다른 질환까지 겹치면서 많이 힘든 시간을 보내셨다. 2~3년간 오십견에 좋다는 곳을 스스로 수소문해서 다닐 정도로 고통스러워하셨지만, 늘 바빴던 아빠와 사춘기였던 자식들은 무심했다.

그러던 어느 날 갑자기 유럽에 가고 싶다고 하시더니, 돌연 유럽 여행을 떠나셨다. 그것도 혼자서. 자유여행으로! 꼭 가보고 싶었다던 파리의 박물관도 가고, 피렌체의 미술관도 가면서 2주간 자유를 만끽하고 돌아오셨다. 콩글리쉬와 바디랭귀지로 어떻게든 지낼 수 있었다며 언어는 문제가 되지 않았다고 하셨다. 스마트폰도 없던 시절에 혼자 유럽 여행이라니! 지금 생각해도 이때 엄마의 유럽 여행은 나에게 신선한 충격이자 새로운 자극이었다.

그 엄마에 그 딸이라 했던가! 나는 엄마의 독립적이고 용감한 모습을 닮아가기 시작했다. 고3 수험생 시절, 내 힘으로 돈을 벌고 싶어 수능이 끝나자마자 바로 아르바이트를 시작했고, 스물한 살에는 돈을 모아 혼자 해외여행을 떠나기도 했다. 그리곤 캐나다 워킹홀리데이와 호주 워킹홀리데이도 다녀왔으니, 이 정도면 엄마의 용감함을 물려받았다고 해도 되겠지?

학창 시절에는 엄마, 아빠, 나, 동생까지 가족 모두가 각자만의 힘든 시간을 이겨내고 있어서 잘 몰랐다가, 성인이 되고 나서야 부모님의 외로움이 보이기 시작했다. 엄마는 엄마만의 외로움이, 아빠는 아빠만의 외로움이 있더라. 모든 걸 헤아릴 순 없겠지만, 지금 내 위치에서 해드릴 수 있는 최선의 방법은 부모님께 관심을 가지고 말 한마디 더 붙이는 것이라는 걸 알게 되었다. (이마저도 바쁜 딸이라는 핑계로 잘하진 못하지만)

제주에서 올라온 뒤로 엄마와 같이 살면서 자연스레 대화를 많이 나누게 됐고, 지금은 둘도 없는 친구가 되었다. 나와 가장 가까운 친구이자 정신적 지주인 우리 엄마. 어디에도 말 못 할 고민이 생겼을 때 엄마에게 말하면 엄마는 늘 현명한 답을 주신다. 남편과 싸웠을 때도 엄마한테 말씀드리면 무작정 딸의 편을 들어주는 고슴도치 엄마가 아니라, 사위와 딸 모두의 입장에서 객관적인 눈으로 바라봐주신다. 처음 사회생활을 시작하고 서로 이간질하는 못난 어른들 사이에서 힘들어할 때도, 워킹홀리데이를 갔다가 마녀 같은 매니저 밑에서 힘들어할 때도, 교통사고가 나서 당황했을 때도 인생의 선배로서 위로와 조언을 아끼지 않으셨다. 엄마의 따뜻하면서도 현실적인 조언 덕분에, 위기의 순간에도 깊은 늪에 빠지지 않고 금세 다시 뭍으로 올라올 수 있었다.

이 책을 집필하면서도 심적으로 많은 부담을 느끼고 힘들었는데, 그런 내 모습을 쭉 지켜보시더니 엄마는 이렇게 말씀하셨다.

"책은 솔직해야 해. 너무 완벽하려 하지 말고, 그냥 솔직하게 써봐. 너의 그런 모습이 독자들의 마음을 울릴 거야. 수정은 나중에 해도 되니까, 일단 생각나는 대로 쭉쭉 써봐."

한동안 책을 쓰지 못하고 있었는데, 엄마의 이 말 덕분에 다시 책을 쓰기 시작했다.

내가 인스타그램 업로드를 하지 않으면 왜 업로드 안 하냐고, 얼른 하라고 하면서 써니앤쎄이 매니저 역할도 해주는 엄마! 내가 엄마 딸이라서 정말 행복하고 감사해. 다음 생에는 엄마가 내 딸로 태어나줘. 엄마한테 받은 사랑 나도 엄마가 되어 돌려줄게!! 알러뷰 조 여사!

(아빠도 당연히 알러뷰 쏘 머치!!)

6장

인생을 뒤바꾼
워킹홀리데이

식당 문을 열고 나오니 비가 추적추적 내리고 있었다.

우산을 펼치는 순간부터 꾹꾹 참았던 울음이 터져 나왔다.

내가 지금 여기서 뭘 하고 있는 건가 싶었다. 이러려고 캐나다에 온 게

아닌데…. 언제든 나를 반겨줄, 내가 사랑하는 가족과 친구들이 있는

한국이 그리웠다. 눈물이 흐르는지 빗물이 흐르는지 모를 정도로

펑펑 울었다. 진지하게 한국에 돌아갈까 고민했고, 한국에 돌아간

내 모습을 상상해 봤다. 이대로 돌아갈 순 없었다.

내 인생의 터닝포인트, 캐나다

대학을 졸업하고 떠난 캐나다 워킹홀리데이. 비행기 값과 첫 달 방 값을 제외하고 딱 100만 원을 들고 출국했다. 영어도 제대로 못하면서 무슨 배짱으로 떠났는지, 지금 생각해도 신기한 일이다. 금발에 푸른 눈동자를 가진 외국인들이 눈앞에 걸어 다니는데, 마치 외국 드라마 속 한 장면 같았다.

아는 인사말이라고는 "Hi, How are you?" "I'm fine! And you?"가 전부였는데, 막상 캐나다에 도착하니 "How are you?" 말고도 "How's it going?" 등등 안부를 묻는 표현이 너무 많다는 사실에 놀랐다. 무데뽀 정신 하나로 여기까지 왔으니 일단 도전해 보자는 마음으로, 친구의 도움을 받아 이력서를 만들고 전공을 살려 피부관리샵에 지원했다. 정확히 일주일 만에 타이 마사지 스파에서 연락이 왔고, 그로부터 며칠 뒤 면접을 보러 갔다.

해외에서 면접을 보는 건 처음이라, 자기소개부터, 지원 동기, 나의 장단점, 앞으로의 포부를 영어로 달달 외워갔다. 원래 시간보다 일찍 도착해 다른 면접자의 차례가 끝나기를 기다리고 있었다. 내 차례가 다가왔을 때 앞 면접자는 바로 채용이 된 건지, 유니폼을 갈아입으러 가고 있었다. 면접장에는 서양인 오너 한 명과 동양인 비서 한 명이 앉아 있었고, 그들이 건넨 첫 마디는 "강은빈 씨, 자기소개 해보세요"가 아니었다. 나를 당황스럽게 만들었던 첫 마디는 이거였다.

"오늘 날씨 좋지? 여기까지 뭐 타고 왔어? 몇 번 버스 탔어?"

내가 대답을 잘 못하니, 이번엔 다른 말을 걸었다.

"네가 다녔던 대학교는 정자동이라는 곳에 있네? 내 발음 맞아?"

나는 말을 계속 더듬었고, 그런 나를 본 오너는 초강수를 뒀다.

"내 비서가 손님이라고 생각하고 대화해봐."

머릿속이 하얘졌다. 고심 끝에 겨우 입을 열었다.

"What's your skin type(당신의 피부 타입은 무엇입니까)?"

비서는 말했다.

"글쎄요 잘 모르겠는데요, 당신이 보기엔 제 피부가 어떤가요?"

그때부터 시작된 어버버 파티… 결국 돌아온 마지막 말은….

"너는 영어 실력을 향상해서 다시 오거나, 코리안 스파를 찾아봐."

밴쿠버에 도착한 지 정확히 일주일 만에 마주한 냉혹한 현실. 처음 겪어보는 깊은 좌절감이었다. 어딜 가도 말도 잘하고 일도 잘한다고 똑순이 소리를 듣던 나인데…. 내가 너무 준비 없이 온 걸까.

이때부터는 현실을 직시하고 한국인 가게 위주로 일을 구하기 시작했다.

첫 직장은 네일아트를 주로 하는 한인 피부샵이었는데, 이곳의 사장님은 표독스러움 그 자체였다. 어찌나 구박을 하는지, 작은 실수조차 받아주지 않았다. 그렇다고 잘할 때 칭찬을 해주는 것도 아니었다. 채찍과 당근 중 늘 채찍만 주는, 아니 정확히는 채찍을 후려갈기는 사람이었다. 명랑하고 밝던 나는 자꾸만 주눅이 들었고, 태어나 처음으로 너는 애가 왜 이렇게 어둡냐는 말을 들었다. 내가 어둡다니…. 엄청난 충격이었다. 이곳에서 더 일하다가는 본래 내 모습을 잃어버리게 될 것 같아 그만두고 다른 피부샵을 찾았다.

이번에 만난 한국인 사장님은 겉으로는 아주 나이스한 분이었다. 말투부터 행동까지 모든 방면에서 나를 존중해주었다. 하지만 그 나이스한 말투로 어떻게든 돈을 적게 주려고 했다. 풀타임으로 주 5일을 일했는데 월급으로 받은 돈은 800불(약 80만 원)이었다. 다음 달부터는 인센티브를 더 늘려주도록 노력하겠다는 희망 고문만 계속했다. 방 렌트비, 교통비, 휴대폰 요금을 제외하고 나니 남는 건 단돈 10만 원. 10

만 원으로 식비까지 충당하려니 앞이 깜깜했다. 동네에서 가장 저렴한 마트까지 20분을 걸어가서 세일하는 식료품만 사 들고 낑낑거리며 다시 20분을 걸어왔다. 외식은 꿈도 꿀 수 없었다. 그러다 결국 두 달 만에 방값이 모자라서 한국에 계신 부모님께 손을 벌려야 했다. 내 힘으로 살아보겠다고 떠나온 캐나다인데, 부모님께 손을 벌리다니…. 내가 한심하게 느껴지고 서글펐다. 서러운 눈물을 흘리며 돈을 더 벌어야겠다고 생각했고, 전공을 포기하기로 결심했다.

피부미용이라는 전공을 포기하고 나니 일자리 구하기가 수월해졌다. 한식당과 분식집에서 서빙을 시작했고, 다행히 한식당 사장님은 좋은 분이셨다. 하지만 분식집 사장 부부는 최악이었다. 젊은 부부가 번갈아 가며 온갖 화풀이와 짜증 섞인 말을 쏟아냈다. 일주일을 꾹 참고 일하다가 결국 참다못해 터트리고 말았다.

"여기서 일하는 일주일이 악몽 같았어요. 화장실 갈 시간도 없이 정말 열심히 일했는데, 그런 저한테 왜 그렇게 짜증을 내세요? 사장님과 사모님이 번갈아 가며 저에게 짜증을 쏟아내는데, 그걸 버텨낼 수 있는 사람이 얼마나 있을까요? 더는 여기서 일 못 하겠습니다. 다른 직원분들한테도 짜증보다 좋은 말을 더 많이 해주세요. 그래야 일할 맛이 나서 더 열심히 하죠. 가보겠습니다. 안녕히 계세요."

식당 문을 열고 나오니 비가 추적추적 내리고 있었다. 우산을 펼치는 순간부터 꾹꾹 참았던 울음이 터져 나왔다. 내가 지금 여기서 뭘 하고 있는 건가 싶었다. 이러려고 캐나다에 온 게 아닌데…. 언제든 나를 반겨줄, 내가 사랑하는 가족과 친구들이 있는 한국이 그리웠다. 눈물이 흐르는지 빗물이 흐르는지 모를 정도로 펑펑 울었다. 진지하게 한국에 돌아갈까 고민했고, 한국에 돌아간 내 모습을 상상해 봤다. 캐나다에 대한 안 좋은 기억만 가득할 것 같았고, 스스로에 대한 실망만 안은 채 귀국할 것 같았다. 이대로 돌아갈 순 없었다.

마음을 다잡고 지역 이동을 하기로 결심했다. 원래 이사 가기로 예정되어 있던 집의 보증금까지 포기하며 하루라도 빨리 밴쿠버를 떠날 준비를 했다. 대도시인 밴쿠버에서 로키산맥으로 둘러싸인 소도시 밴

프(Banff)로! 차로 10시간이 더 걸리는 엄청난 대이동이었다. 가는 길부터 풍경이 심상치 않았다. 정상이 어디인지 보이지도 않을 정도로 높은 산맥이 끝없이 펼쳐지는데, 로키산맥이 괜히 로키산맥이 아니구나 싶었다. 밴프는 로키산맥을 여행하는 사람이라면 필수로 거쳐 가야 하는 중심지이자, 통나무로 된 집들이 늘어 서있는 아기자기한 마을이다. 대도시에 있다가 소도시로 옮기고 적응하는 데 시간은 좀 걸렸지만, 오히려 팍팍한 대도시보다 아기자기한 소도시가 더 나와 잘 맞는 느낌이었다.

제대로 된 일자리와 집을 구하기 전까지 호스텔 도미토리에 투숙하며 밴프 곳곳을 돌아다녔다. 밴쿠버에서 미리 뽑아온 이력서 한 뭉치

를 들고 눈에 보이는 가게마다 들어가서 직원을 구하냐고 물었다. 귀찮다는 듯 무심하게 대응하는 사람, 친절하게 대답해 주는 사람, 영어를 잘 못하는 것을 무시하는 무례한 사람도 있었다. 그들이 어떻게 반응하든 상관없었다. 그저 일자리를 빨리 구해 돈을 벌고 싶었다.

열심히 이력서를 돌리고 다닌 덕에, 3주 만에 'The Keg'라는 꽤 큰 규모의 스테이크 하우스에 주방 보조(Prep Cook) 포지션으로 들어갈 수 있었다. 매일 새벽 5시부터 빵을 굽고 과일과 채소를 손질했다. 과일이 한가득 담긴 무거운 통을 수십 번 날라야 했고, 아침마다 팔뚝보다 큰 칼을 세 개씩 갈아야 했으며, 어느 날은 양파를 썰다 새끼손가락을 심하게 베이기도 했다. 몸은 늘 고단했지만, 마음만은 행복했다. 밴쿠버에 있을 때보다 돈도 더 잘 벌 수 있었고, 한국인 사장님이 아닌 외국인 매니저와 다양한 국적을 가진 직원들과 함께 일하는 순간이 소중했다.

사실 여기 일만 해도 생활하는 데 지장이 없었지만, 밴쿠버에서 돈을 못 벌었던 것을 만회하기 위해 세컨 잡을 구했다. 스테이크 하우스 일이 끝나자마자 버블티 가게로 출근했다. 따뜻한 교포 언니 밑에서 열심히 일했다. 스테이크 하우스보다 일의 강도도 훨씬 낮은 데다 음료를 만드는 일도 꽤 재미있었다. 성수기인 여름에는 새벽 5시부터 밤 9시까지 하루에 16시간씩 일했고, 휴일엔 자전거를 타고 로키산맥을 누볐다. '대자연'이라는 단어를 실감하며 힘들지만 행복한 날들을 보냈다.

BOW VALLEY 日本
JAPANESE CO

정신없이 바빴던 여름이 지나고 어느새 가을이 찾아왔다. 시간이 지나면서 일에도 권태로움을 느끼기 시작했다. 추석을 맞아 교회 사모님이 한과를 챙겨주셨는데, 한과를 한 입 베어 물자마자 눈물이 뚝뚝 흘렀다. 한국이, 내가 사랑하는 사람들이 사무치게 그리웠다. 그러던 중 레스토랑의 매니저 한 명과 트러블이 생겼고, 더 이상 캐나다에 머물고 싶지 않았다. 버블티 가게 일도 정리하며 귀국할 준비를 했다. 한국으로 돌아가기 전, 모아놨던 돈으로 버킷리스트 여행을 하기로 했다.

- 로키산맥 로드트립 하기
- 옐로나이프에서 오로라 보기
- 나이아가라 폭포 보기
- 뉴욕 여행하기
- 라스베이거스에서 그랜드캐니언 가기

옐로나이프에서 오로라를 보는 걸 제외하고는 모두 이뤘다. 뉴욕 타임스퀘어에서 치즈케이크를 먹으며, 록펠러 전망대에서 야경을 보며, 나이아가라에서 폭포수를 맞으며 나는 생각했다.

"해냈다."

모든 여행을 마치고 귀국하는 비행기에서 한참을 되새겼다. 캐나다에서의 11개월을 곱씹고 또 곱씹었다. 어두웠던 암흑기를 포기하지 않

고 극복해 낸 내가 자랑스러웠다. 마지막에 버킷리스트 여행까지 이뤄낸 내가 대견하게 느껴지기도 했다. 언어가 통하지 않는 곳에서도 악착같이 살아남았는데, 이제 내 나라 한국에서는 못 할 게 없다는 자신감으로 충만했다. 이때부터 지금까지 내 좌우명은 이거다.

"하면 된다."

두드려라, 그러면 열릴 것이다

2018년, 써니와 함께 호주 워킹홀리데이를 할 때의 일이다.

이상 기후로 찾아온 장마 때문에 더 이상 블루베리 농장에서 일을 할 수가 없어서 농장이 많은 '스탠소프(Stanthorpe)'라는 곳으로 지역 이동을 했다. 스탠소프의 첫인상은 평화로운 호주 시골 동네 느낌이었다. 대도시로부터 3~4시간 떨어진 내륙지방이다 보니 높은 건물보다는 낮은 건물이, 빼곡히 들어선 상가보다는 빈티지함이 묻어나는 작은 가게가, 젊은 사람보다는 할머니 할아버지가 많은 동네였다.

도착 당일, 앞으로 지낼 집을 찾으러 쉐어하우스를 몇 군데 둘러보고 충격을 받았다. 상태가 정말 열악한데 돈을 비싸게 받거나 화장실이 하나인 집에 8~10명이 살거나 등 열악한 환경인 곳이 많았다. 그나마 상태가 좋았던 한국인 친구의 쉐어하우스에서 지내기로 한 첫날 밤, 자려고 불을 끄고 누우니 '스스스슥-' 들어서는 안 될 소리를 들었다. 이건 분명 바퀴벌레 소리라는 것을 직감적으로 느낄 수 있었다. 불을 켜보니 엄지손가락만 한 바선생이 황급히 도망가는 모습이 보였다. 불안에 떨며 잠을 설친 다음 날 아침, 하나의 화장실을 8명이 쉐어하는 현실에 부딪혔다. 앞으로 이런 곳에서 살아야 한다는 심란함을 떨쳐내려고 써니와 동네 산책을 하는데, 전원주택 단지가 눈에 들어왔다. 넓은 마당이 딸린 깔끔한 집들이 골목 끝까지 쭉 이어져 있었다.

그리곤 번뜩, 이 수많은 집 중에 방이 비는 집이 분명 있을 거라는 생각이 들었다. 되든 안 되든 일단 해보자는 '밀져야 본전' 정신으로 초인종을 눌렀다. '띵동-'

"안녕하세요! 한국에서 온 써니와 쎄이입니다. 우리는 가족처럼 지낼 곳을 찾고 있어요. 혹시 당신의 집에 남는 방이 있다면, 우리가 돈을 지불하고 함께 지낼 수 있을까요~?"

활짝 웃는 얼굴로 인사를 건넸고, 이렇게 물어보기를 수십 번. 돌아오는 대답은 비슷했다.

"Sorry!"

주인이 집에 없어서 대화도 못 나눠본 곳도 많았고, 주인이 있어도 우리를 이상한 눈으로 보거나 딱하다는 표정으로 보는 사람도 있었다. 어떤 할머니는 집 구하는 게 그렇게 힘드냐며, 너희가 좋은 집 구하길 바란다고 응원해 주시기도 했다. 그렇게 약 20군데의 집을 돌았을 때 진심으로 우리를 도와주고 싶어 하는 아주머니와 아저씨를 만났다. 상황을 설명해 드리니 주섬주섬 신문을 챙겨와 부동산 연락처를 알려주셨다. 그리곤 이렇게 말씀하셨다.

"너희를 도와주고 싶지만, 우리는 자녀가 있어서 안 될 것 같아."

애초에 기대를 안 하고 시작했던 도전이라 당연하게 받아들이고 감사드린다고 인사를 전하고 다음 집으로 이동했다. 다음 집, 다다음 집… 눈에 보이는 집을 찾아 초인종을 누르기를 수차례, 5~10분쯤 지났을까? 어느 젊은 남녀가 성큼성큼 우리에게 다가왔다.

"너희가 집 찾고 있는 사람들이지?"

"응 맞아. 그런데 왜?"

"우리 부모님이 너희랑 이야기하고 싶으시대. 따라와."

순간 어리둥절하면서도 희망의 빛줄기가 보였다. 잔뜩 신이 난 걸음으로 그들을 따라갔고, 조금 전 우리를 진심으로 도와주시려던 그 집 앞에 도착했다. 알고 보니 그 집의 딸과 남자친구가 우리를 찾아다닌 것이었다. 아주머니는 처음보다 환한 미소로 우리를 반겨주시며 이렇게 말씀하셨다.

"너희만 괜찮다면, 들어와서 한번 볼래?"

놀란 토끼 눈으로 아주머니를 따라 들어간 집은 상상 이상으로 좋았다. 넓은 거실과 아늑한 소파, 과일바구니가 올려져 있는 식탁, 최신식 깔끔한 주방, 겉에서 볼 때는 몰랐던 아기자기한 뒷마당에, 무엇보다 맨질맨질한 마룻바닥이 이 집의 가장 큰 메리트였다. 카펫 바닥이 흔한 호주에서 마룻바닥이라니!!

마침 비어있다며 보여주신 방은 한쪽 벽면에 연보라색 페인트가 칠해져 있는 사랑스러운 방이었다. 커다란 창으로 햇살이 가득 들어오는, 두 명이 지내기에 딱 좋을 사이즈였다. 며칠 전에 둘러봤던 열악한 쉐어하우스와는 달라도 너무 다른 예쁜 방과 예쁜 집이 믿을 수가 없어 아주머니께 한 번 더 여쭤봤다.

"우리가 여기서 지내도 돼요? 이렇게 좋은 곳에서요?"

"너희가 원한다면 얼마든지!"

…!!!!!! 이때의 감동은 무어라 표현할 수가 없다. 굳이 말하자면 힘들었던 워킹홀리데이 생활 중 호주식 로또에 당첨된 것 같은 기분이랄

까! 그렇게 순간의 행복에 빠져 허우적거리던 나는 이내 심각한 고민에 빠졌다. 좋은 만큼 쉐어 비용을 비싸게 말씀하시면 어떻게 해야 하나 걱정하며 조심스레 비용을 여쭤봤고, 아주머니는 평균 시세보다 절반이나 저렴한 가격을 말씀하셨다. 뿐만 아니라 우유나 계란, 과일 각종 양념 등등 기본적으로 항상 사두시는 것들을 마음껏 먹어도 된다고 하셨다. 이불이나 수건 등 구비되어 있는 모든 물건도 아무 때나 쓰라고 하셨다.

우리의 간절함이 아저씨와 아주머니께도 닿았던 걸까? 그동안 워킹홀리데이 생활을 하며 고생했던 것에 대한 하늘의 선물인 걸까? 그게 무엇이든 호주 시골 동네에서 만난 선물 같은 인연이 너무나 신기하고 감사한 순간이었다.

'월터의 상상은 현실이 된다'고 했던가. 아니, 이날만큼은 '은빈의 상상은 현실이 됐다'라고 말하고 싶다. 이게 꿈이라면 늦잠을 자서라도 이 꿈에서 깨지 않으리. 돈이 목적이 아니라 우리에게 많은 것을 베풀어 주기로 결심한 아주머니 가족에게 감사한 마음을 담아 이렇게 말했다.

"우리가 이 집에 사는 동안 당신의 가족과 이 집의 모든 것을 존중하며 살게요. 당신의 가족에게 우리가 좋은 기억으로 남을 수 있도록 최선을 다해 노력할게요."

골든타임 구조대

호주 가족과의 동거가 시작됐다. 푸른 눈동자에 짧은 금발 머리, 왜소한 체구의 미쉘 아주머니와 볼록 나온 배와 인자한 웃음이 인상적인 마이클 아저씨, 그리고 호주 나이로 16살이라지만 어딘가 굉장히 성숙해 보이는 딸 패트리스까지. 정확히는 이 집의 방 하나를 빌려 사는 셈이지만, 동거라 표현하고 싶다. 아주머니와 아저씨는 예상대로 정말 좋은 분들이셨다. 우리가 일자리를 구하는 데 어려움을 겪는 것 같자 아는 분의 농장에 우리를 직접 데리고 가주시고, 지인분들에게 물어봐 주시기도 했다.

어느 날은 마이클 아저씨의 부모님 집에 우리를 초대해 주셨다. 영화 속에나 나올 것 같은, 오래됐지만 아기자기한 집이었다. 족히 100년은 되어 보이는 오븐에 성냥으로 불을 지펴 피자를 만들어주셨는데, 도우 아랫부분이 조금 탔는데도 그렇게 맛있을 수가 없었다. 복도 양옆에는 이 가족의 역사를 보여주는 오래되어 보이는 액자들이 쭈루룩 걸려 있었다. 우리가 리액션을 크게 해드리는 게 귀여우셨는지, 할아버지께서는 창고 구석구석을 보여주시며 설명해 주셨다. 토끼를 사냥하던 방법도 알려주시고, 직접 키우는 벌통도 보여주셨다. 호주에서 외국인 노동자로 살아가던 우리였는데, 이 가족을 만난 뒤로 오랜만에 가족의 정을 느끼는 나날을 보내고 있었다.

어느 주말 저녁, 감사한 마음을 전하고 싶어서 이 사랑스러운 가족에게 한식을 대접하기로 했다. 미쉘 아줌마, 마이클 아저씨, 패트리스, 마이클 아저씨네 할머니, 할아버지, 형, 그리고 조카까지. 모두 8명이 모이는 나름 큰 자리였다. 매운 음식을 잘 못 드시니 고춧가루가 들어가는 음식은 제외하고 잡채, 계란말이, 불고기, 샐러드를 열심히 만들었다. 다 같이 둘러앉아 한국 음식을 나눠 먹으며 하하호호 즐거운 시간을 보냈다. 영어가 유창하지 않아도 우리의 마음이 그들에게 닿았던 시간임은 분명했다.

이곳에서의 하루하루가 꿈만 같이 느껴졌다. 우리가 호주 현지인 가족과 함께 살고 있다니! 매일 아침 눈을 떴을 때 뒷마당 테라스에서 신문을 읽고 계신 아저씨와 밝은 미소로 아침 인사를 건네주시는 아주머니, 말수는 적지만 잘 웃어주는 딸까지. 워킹홀리데이를 떠나오기 전부터 막연하게 꿈꿔왔던 모습이 현실이 되었다.

하지만 행복했던 순간도 잠시, 호주에 이상 기후가 찾아와 가뭄이 시작되었다. 아무리 농장으로 유명한 스탠소프라지만, 날씨의 영향을 피해 갈 수 없었다. 작물이 제때 자라지 않으니, 농장은 더 이상 새로운 직원을 뽑지 않았다. 아무리 열심히 발품을 팔아보고 직접 찾아가 어필을 해도 일자리를 구하기가 어려웠다.

그렇게 2~3주가 흘렀을까? 모두가 잠든 어느 새벽, 어디선가 울부짖는 소리가 들리기 시작했다. 잠결이었는데도 소리가 다급하고 간절해서 잠이 깰 정도였다.

"미쉘!!! 미쉘!!!!!"

순간 직감했다. '아, 무슨 일이 생겼구나.'

　바로 써니를 깨워서 무슨 일이 생긴 것 같다고 얘기하고는 방문을 열었다. 소리가 시작된 곳은 아저씨와 아주머니 방이었다. 집의 구조가 ㄱ자 형태여서 우리 방과 꽤 거리가 멀었는데도 계속되는 절박한 울부짖음. 단숨에 아주머니 방으로 달려갔다. 문 앞에 다다른 순간, 쓰러져 있는 아주머니를 붙잡고 숨 쉬라며 울부짖고 있는 아저씨의 다급한 모습이 보였다. 크게 놀랐지만, 그저 가만히 서서 놀라기만 할 시간이 없었다. 아주머니가 숨을 쉬고 있지 않았다.

　대학 시절 라이프가드(인명구조원)를 했던 경험이 있어서 심폐소생술을 할 수 있다는 써니의 이야기가 불현듯 떠올랐고, 곧바로 소리쳤다.

　"자기야!!! CPR!!!!"

　놀라서 굳어있던 써니도 내 소리를 듣고 정신을 차렸는지 바로 아주머니에게로 뛰어갔다. 평평한 바닥에 아주머니를 눕히고 심폐소생술을 시작했다. 써니가 심폐소생술을 하는 동안 나는 아주머니 다리를 필사적으로 주물렀다. 우리의 간절함이 닿았던 걸까? 응급처치를 시작한 지 1~2분이 지날 즈음 아주머니는 정신을 차리셨다. 본인이 쓰러졌던 걸 아직 인지하지 못하셨는지 얼떨떨해하시는 아주머니를 침대에 앉혀드리고 나니 그제야 안도감이 몰려왔다. 아저씨는 아주머니를 안고 있던 그 자세 그대로 무릎을 꿇고 흐느끼셨다. 써니가 아주머니를 챙겨드리는 동안, 나는 아저씨를 꼬옥 안아드리며 말했다.

　"이제 괜찮아요, 이제 진짜 괜찮아요."

　우리가 아주머니께 달라 붙어 응급처치를 하는 동안, 패트리스(딸)가 911에 신고했고, 구급차는 15분 뒤에나 도착했다. 골든타임이 한참

지난 시간이었다(사람이 의식을 잃고 숨이 멎었을 때의 골든타임은 5분이라고 한다).

모두가 잠든 고요한 새벽에 우리가 아저씨의 소리를 듣고 깬 것도, 쓰러진 아주머니를 보자마자 바로 심폐소생술을 한 것도, 마침 써니가 심폐소생술 방법을 알고 있었던 것도. 이 모든 게 아주머니를 살리기 위해 우리가 '골든타임 구조대'로 준비되어 있던 느낌이었다. '골든타임 구조대'의 응급처치로 의식을 차린 아주머니는 구급차를 타고 병원에 가셨다. 아주머니가 구급차를 타는 모습을 보고 나서야 놀란 마음을 쓸어내릴 수 있었다. 그제야 눈물이 났다. 늘 따뜻한 미소로 우리를 대해주신 아저씨와 아주머니를 지켜드릴 수 있음에 그저 감사한 밤이 흘렀다.

아주머니는 다음 날 오전이 되어서야 집으로 돌아오셨다. 한결 나아진 모습이었다. 큰 이상이 있는 건 아니고 평소에 받는 치료 때문에 쇼크가 온 거라고 했다. 다행이었다. 아저씨와 아주머니, 딸, 그리고 우리 둘. 다섯 식구가 거실에 동그랗게 둘러앉아 어젯밤 일을 떠올렸다. 우리 이야기를 듣던 아주머니 눈에 눈물이 고였다. 그리곤 이렇게 말씀하셨다.

"너희가 우리 집 문을 두드린 건, 아마도 나를 살려주기 위해서였던 것 같아. 우리 집 문을 두드려 줘서 고맙고, 나를 살려줘서 진심으로 고마워."

진심 어린 말씀에 가족 모두 눈물바다가 됐다. 우리는 눈물이 그렁그렁한 눈으로 아주머니를 꼬옥 안아드리며 말했다.

"이제 아프지 마세요. 건강하셔야 해요!"

이날 이후 아주머니와 아저씨는 우리를 더 가족처럼 대해주셨다. 어느 날은 친척들까지 모두 모여 바비큐 파티를 하기도 하고, 대가족이

모이는 크리스마스 파티에 우리를 초대해 주셔서 약 20명의 친척들 사이에서 크리스마스 가족 파티를 하기도 했다.

처음 문을 두드릴 때만 해도 동양과 서양의 문화가 달라서 많이 부딪히면 어쩌지? 걱정했던 게 무색할 만큼 호주 가족과 우리 사이에 보이지 않는 정이 겹겹이 쌓이고 있었다.

딸기농장이 선물해 준 인연

　호주에서 친해진 동생이 브리즈번 근교 '카불쳐(Caboolture)'에 있는 딸기농장에 우리를 소개시켜 줘서 인터뷰(면접)를 하러 갔다. 두 눈에 열심히 하겠다는 불꽃을 품고 갔던 면접은 꽤나 성공적이었다. 써니와 함께 일할 수 있다는 것도 큰 메리트였고, 주변에 있는 다른 농장들보다 이 농장의 급여 조건과 일하는 환경도 훨씬 좋았다.

　워홀러들이 하는 일은 딸기를 따거나 딸기를 포장하거나 둘 중 하나였고, 우리는 이 중에 딸기를 따는 일을 했다. 매일 아침 6시부터 이슬 맺힌 딸기를 똑- 똑- 따면 되는데, 적당히 익은 딸기만 잘 골라서 따야 했다. 빠르게, 많이 딸수록 돈을 더 벌 수 있는 시스템이었다. 약 50명의 워홀러가 이 농장에서 일을 하는데 한국, 대만, 일본, 아르헨티나, 이탈리아, 호주 등 각국의 워홀러들이 모여서 보이지 않는 경쟁을 했다. 이중 대만 친구들의 비율이 압도적으로 높았는데, 이 친구들은 대체로 일도 잘했다. 한국 사람만큼이나 손이 빨랐다. 그리고 정이 많은 것도 우리나라와 비슷해서 대만 친구들과 쉽게 친해질 수 있었다. 매일 아침 보이지 않는 경쟁은 있었지만, 그래도 서로에 대한 매너를 지켜가며 일을 했다.

쉬는 날에는 다 같이 모여 치킨을 먹으러 가기도 하고, 공원에 모여 바비큐를 해 먹기도 하고, 어느 날은 파티를 열어 각자 음식을 챙겨와 나눠 먹으며 즐기기도 했다. 잔디 마당에서 닭싸움과 꼬리잡기, 수건 돌리기를 하면서 재밌는 시간을 보내기도 했다. 누군가의 생일에는 다 같이 모여 생일 파티도 해주고, 누군가 농장을 떠난다고 하면 송별회를 해주기도 하면서 대만 친구들과 점점 가까워졌다. 이 친구들과 함께 보내는 시간은 그야말로 순수한 행복이었다.

그렇게 두 달, 딸기 시즌이 끝나갈 무렵이었다. 딸기 시즌이 끝날 때를 대비해서 다른 지역의 농장에 이력서를 넣어뒀었는데, 그곳에서 연락이 왔고 고민 끝에 이동하기로 했다. 매일을 즐겁게 보내던 친구들과 헤어진다는 사실이 슬펐지만, 여행도, 워킹홀리데이도 만남과 이별의 연속이라는 것을 이제는 안다. 우리가 떠난다고 하니 친구들이 송별회를 해주었는데, 친했던 한국 친구가 대만 친구들의 집을 다 돌아다니며 롤링페이퍼를 만들어주고, 서프라이즈 케이크까지 준비해 주었다. 생각지도 못한 롤링페이퍼를 받는 순간 눈물이 터져 나왔다. 우리를 이렇게 좋아해 주고 아껴주는 친구들을 지구 반대편에서 만나다니…. 너무나 감사한 인연이다. 이 친구들과는 지금까지도 연락하며 서로의 안부를 묻곤 한다.

단순히 좋은 곳에 가서 멋진 사진을 찍고, 좋은 음식을 먹는 관광이 아닌, 그 나라에 살면서 점점 스며들어 일상이 여행이 되는 게 워킹홀리데이가 아닐까 싶다. 이렇게 진한 우정을 나눌 수 있던 것도 우리가

그곳에 살았기 때문이 아닐까? 호주 워킹홀리데이를 통해 우리에게
가장 소중하게 남은 것은 돈도, 여행지에서의 기억도, 경력도 아닌, 가
장 순수한 시절을 함께 보낸 사람들이다.

7 장

여행 크리에이터가 뽑은
최고의 여행지

아지랑이 피어오르듯 얇게 보이던 오로라는 순식간에 하늘을
집어삼킬 기세로 커졌다. 깜깜한 밤하늘에 초록빛 불이 났다.
그리곤 바람에 커튼이 날리는 모양으로 오로라가 춤을 추기 시작했다.
댄싱 오로라였다. 여기저기서 탄성이 터졌다. 태어나서 본 풍경 중
가장 경이로운 순간이었다. 벅차오르는 마음을 표현할 길이 없어
나도 모르게 눈물이 흘렀다. 초록빛 환희로 가득 찬 밤이었다.

카즈베기와 사랑에 빠지다

평소 좋아하던 여행 작가의 여행에세이 『오늘은 이 바람만 느껴줘』를 읽다가 '조지아'라는 나라를 처음 알게 되었다. 작가는 조지아를 '물가는 동남아인데 풍경은 스위스 같은 곳'이라고 표현했다. 그 한 문장에 구미가 확 당겼다. 곧바로 구글맵에 '조지아'를 검색했고, 검색 결과는 두 가지가 나왔다. 하나는 미국의 조지아주, 또 하나는 러시아와 튀르키예 사이에 있는 '조지아'라는 국가. 우리가 흔히 커피 브랜드로 먼저 떠올리는 건 미국의 조지아주이고, 내가 끌렸던 곳은 유럽과 아시아 사이에 자리한 나라였다. 유럽 대부분의 국가는 안다고 생각했는데, 내가 모르는 나라가 있었다는 사실이 오히려 흥미로웠다. 작가의 사진과 인터넷에서 본 조지아의 모습은 그야말로 대자연 그 자체였다. 웅장한 산맥이 가득한 풍경을 보며 언젠가 꼭 가겠노라고 다짐했다.

그로부터 몇 년 뒤, 코로나로 모두가 지쳐있던 2022년 봄 우리는 세계여행을 떠났고, 여행을 시작한 지 3개월 만에 '여행 권태기'가 왔다. 늘 에너지 넘치던 내 모습은 온데간데없었다. 이대로는 안 되겠다 싶어서 조지아로 향하는 일정을 앞당겼다. 새벽 비행기를 타고 드디어 조지아 땅을 밟는 순간, 권태는 설렘으로 바뀌었다.

조지아의 수도 트빌리시에 며칠 머물면서 한 달간의 여행 계획을 짰다. 우리의 목적은 대자연이었기에 며칠 뒤 트빌리시를 떠나 해발 5,047m의 카즈베기산이 보이는 마을, 카즈베기로 이동했다. 가는 길은 대표 관광지 몇 곳을 들를 수 있는 투어 차량을 이용해 이동했는데, 갈수록 풍경이 점점 더 아름다워졌다. 에메랄드빛 물감을 풀어놓은 듯한 '진발리 호수', 절벽 위에 지어진 엄청난 규모의 '구다우리 전망대'

등 눈앞에 펼쳐지는 풍경에 우리는 연신 감탄사를 쏟아냈다. 그뿐이랴, 이동하며 보는 차창 밖 풍경은 또 어찌나 멋진지! 2~3천 미터는 훌쩍 넘어 보이는 산등성이가 끊임없이 이어졌다. 이 멋진 풍경을 잠시라도 놓칠까, 휴대폰도 내려두고 잠도 참아가며 창밖 풍경을 두 눈에 담았다.

그렇게 5시간을 달려 카즈베기에 도착하자마자 이 마을과 사랑에

빠지고 말았다. 고개를 한참 들어야 할 정도로 높고 웅장한 산맥으로 둘러싸여 있는데, 마을은 또 어찌나 아기자기 귀여운지! 여느 관광지와는 다르게 다듬어지지 않은 날 것의 느낌이 있달까? 거리에는 소들이 아무렇지 않게 지나다니고, 도로는 공사를 하다 만 건지 아스팔트

바닥이 아닌 흙투성이 바닥에, 2% 부족해 보이는 오래된 건물이라던가. 뭐라고 딱 정의할 수는 없지만 어딘가 모르게 정이 가는 곳이었다.

그래서일까? 무거운 배낭을 메고 숙소로 이동하는 시간이 하나도 힘들지 않았다. 콧노래를 흥얼거리며 숙소에 도착한 우리는 방문을 열고 들어가자마자 탄성을 내질렀다.

"우와, 대박!!!"

"미쳤다, 진짜!!!"

테라스로 이어지는 큰 창 너머로 만년설 가득 쌓인 카즈베기산이 정면으로 보이는 방이었다. 숙박 예약 사이트에 올라와 있는 사진보다 실제 모습이 훨씬 멋졌다. 우리는 연신 감탄사를 내뱉으며 활짝 웃는 얼굴로 서로를 마주 봤다. 테라스에 놓인 테이블과 의자에 앉아 5,000m가 넘는 카즈벡산을 보며 맥주 한잔하는 내 모습이 벌써 눈앞에 그려졌고, 짐을 대충 내려두고 바로 마트로 향했다. 조지아식 케밥인 샤와르마와 맥주를 사 들고 숙소로 돌아와 테라스에 앉았다. 맥주 한 모금에 샤와르마 한 입 크게 베어 물고 오물오물, 눈앞에 보이는 절경에 나도 모르게 웃음이 새어 나왔다. 나는 세상 가장 행복한 얼굴로 써니에게 이렇게 말했다.

"자기야, 나 진짜 행복해!! 너~~~무 행복해!"

써니도 활짝 웃으며 대답했다.

"나도. 나도 너무 행복해. 우리 조지아 오길 정말 잘했다."

해가 지고 어둠이 내려올 때까지 우리는 테라스에 앉아 행복을 만끽했다. 이날이 여행 중 가장 행복한 순간이라 생각하며 잠이 들었는데,

이때는 몰랐다. 더 큰 행복이 우리를 기다리고 있다는걸.

초록과 파랑으로 가득 찬 세상, 주타가 조타!

"산 vs 바다, 당신의 선택은?"

예전에는 이 질문 앞에서 한참을 고민했다. 산도 좋고 바다도 좋은데 어떻게 하나만 고르라는 건지…. 하지만 이제는 확신에 주저 없이 말할 수 있다.

"산이요. 저는 바다보다 산과 호수를 더 좋아해요."

이런 나에게 '주타(Juta)' 트레킹은 그야말로 천국이 따로 없었다. 카즈베기에서 차로 40분, 포장도로와 비포장도로를 달려 만날 수 있는 이곳은, 유심도 잘 터지지 않고, 제대로 된 마트나 병원도 없는 조용한 고산 마을이다. 이곳에는 카즈베기 여행의 꽃이라고도 불리는 유명한 트레킹 코스가 있는데, 오르막 내리막이 심하지 않아 초보자도 쉽게 다녀올 수 있는 곳이다.

주타 트레킹을 하기 위해 첫 번째로 준비한 것은 일기예보를 확인하는 것이었다. 이곳의 풍경을 제대로 담기 위해선 맑은 하늘이 필수였기 때문이다. 다행히 도착한 날, 쾌청한 파란 하늘이 우릴 반겨주었다.

빙하수가 흐르는 시냇물, 통나무로 지은 아기자기한 건물들, 초원에서 한가로이 풀을 뜯는 말, 그리고 들리는 건 새소리뿐인 평화로운 이곳에 누가 되지 않도록 조심조심 트레킹을 시작했다. 듣기로는 초반에 오르막이 2~30분 정도 나오고 그 뒤로는 거의 평지라고 들었는데, 왜 오르막이 끝나지 않는 걸까? 평화로운 풍경과는 다르게 내 심박수는 평화롭지 못했다. 해발 2,200m 고지대에서 걷다 보니 숨이 차오르는 속도가 달랐다. 땀이 뻘뻘 나고 숨이 턱 끝까지 차오를 때쯤, 앞서가던 써니가 나를 불렀다.

"자기야!!! 빨리 와 봐!!"

상기된 목소리로 한마디를 남기곤 시야에서 사라져 버린 써니… 뭔

가 좋은 게 있는 건 분명한 것 같은데 도대체 뭘까. 불타는 허벅지를 붙잡고 걸음을 재촉했다. 마침내 오르막 끝, 고개를 돌리자마자 그 이유를 단번에 알 수 있었다.

새파란 하늘 아래, V자 형태로 초록의 산맥이 펼쳐지고, 그 가운데 끝엔 돌로미티를 연상시키는 어마어마한 돌산이 보였다. 바로 차우키(Chaukhi) 산이었다. 압도적인 풍경에 한동안 말문이 막혔다. 3초쯤 아무 말도 하지 못하다가, 이내 탄성을 터트리며 호들갑 멤버에 합류했다. 이 거대한 자연 속에 미니어처가 된 느낌으로 폴짝폴짝 뛰며 그 순간을 만끽했다. 초보자도 쉽게 다녀올 수 있는 코스라고 해서 큰 기대는 없었는데 시작부터 이런 풍경이라니!

주타 트레킹의 목적지는 보통 두 가지로 나뉜다.

1. 약 10km를 걸어 높은 봉우리까지 가는 '차우키 패스(Chaukhi Pass)' - 상급자 코스
2. 비교적 평탄한 길을 따라 약 4km를 걷는 '차우키 호수(Chaukhi Lake)' - 초보자 코스

우리는 초보자 코스를 선택했다. 짧은 거리지만 왕복 8km로, 반나절 정도 소요되는 여정이었다.

초반 오르막을 넘기자, 평지 같은 길이 이어졌다. 얼마 지나지 않아 동화 속에 나올법한 오두막 한 채가 눈에 들어왔다. 온통 산으로 둘러

싸인 이 높은 지대에 집이 있다니? 알고 보니 이곳은 카페 겸 숙소였다. 파노라마 뷰가 펼쳐지는 야외공간에 해먹과 테이블이 놓여있어 트레킹하는 사람이라면 꼭 들러야 할 핫플이었다. 당장이라도 해먹에 누워 쉬고 싶었지만, 돌아오는 길에 다시 들르기로 하고 발걸음을 재촉했다. 2~3시간쯤 지났을까? 도대체 호수는 언제 나오지? 생각하던 찰나, 드디어 차우키 호수가 모습을 드러냈다.

규모는 작지만, 에메랄드빛 호수 너머로 보이는 돌산과 하얀 야생화

가 어우러진 풍경은 한 폭의 그림 같았다. 그 순간을 오롯이 즐기기 위해 나무 데크에 앉아 배낭을 열었다. 아껴뒀던 초코과자 한입에 톡 쏘는 콜라를 한 모금 쭈욱 들이켰다. 식도를 타고 흐르는 콜라만큼이나 짜릿한 순간이었다.

간식을 다 먹은 써니는 신발과 양말을 벗고 데크 끝에 앉아 호수에 발을 담갔다.

"으흐으으으~~!!!"

소리만 들어도 얼마나 차가운지 느껴졌다. 나도 놓칠세라 신발을 벗고 옆에 앉아 발을 담갔다.

"꺄아아아아아~~!!!"

찌릿찌릿 얼음장보다 차가운 빙하수에 나란히 발을 담그고 찰방거리며 놀다가 차우키 호수와 인사를 나누고 떨어지지 않는 발걸음을 옮겼다. 돌아오는 길의 풍경 또한 새로웠다. 차우키 산을 등지고 걷는데도 끝없이 펼쳐진 초록 세상에 둘러싸여 있는 듯한 기분이었다. 걸음에 속도를 붙이던 찰나, 예상치 못한 고비가 찾아왔다. 눈이 덜 녹은 미끄러운 길을 지나고 좁은 강을 건너려다 발을 헛디뎌 엉덩방아를 찧으며 물속으로 발이 빠졌다. 운동화가 흠뻑 젖었는데도 그저 웃음만 나왔다. 그런 나를 본 써니도 한참을 웃었다. 웃지만 말고 좀 잡아달라고 하니 그제야 나를 잡아주던 남의 편…. (아내는 이 일을 두고두고 기억할 것입니다.)

하루가 완벽하다고 느낄 때 예고 없이 찾아오는 위기처럼, 여행지에서 일어나는 모든 일들은 마치 인생 같다. 운동화가 흠뻑 젖어도 웃어

넘길 수 있었던 이날처럼, 삶에 위기가 찾아올 때 툭툭 털고 일어날 수 있는 내가 되기를! 오늘도 여행에서 인생을 배운다.

순수의 시간, 베트남 동반

처음 베트남에 갔을 때 하노이와 사파를 여행했고, 그 여행이 정말 좋았던 우리는 이듬해 다시 베트남을 찾았다. 이번에는 친구 부부와 함께 하노이 현지인이 운영하는 쿠킹클래스를 재밌게 체험했다. 신선한 재료로 만들어 갓 튀겨낸 스프링롤을 나눠 먹으며 쿠킹클래스 선생님과 대화를 나눴다.

"베트남에는 얼마나 더 머물 예정인가요?"

"친구들은 먼저 귀국하고, 저희는 열흘 정도 더 있어요. 작년에 갔던 사파가 좋아서 다시 가려고요."

선생님은 살짝 진지해진 표정으로 사파가 왜 좋았냐 물으셨다. 나는 해맑게 웃으며 푸른 논밭뷰와 자연이 참 좋았다고 대답했다. 내 대답을 들은 선생님은 휴대폰을 집어 무언가를 열심히 검색해 보시곤 끝내 주는 풍경의 사진을 몇 장 보여주셨다. 그리곤 이렇게 말하셨다.

"사파는 너무 관광지화되었어요. 사파보다 더 멋진 풍경에, 관광객이 많지 않은 여긴 어때요?"

솔깃했다. 대도시보다 소도시를 좋아하고, 관광지화된 곳보다는 로컬 느낌이 더 묻어나는 곳을 좋아하는 우리는 새로운 곳에 대한 기대감에 눈을 반짝이며 그녀의 이야기를 경청했다.

'하장(Ha-Giang)'이라는 난생처음 들어본 곳. 네이버와 구글에 검색을 해봐도 하장에 대한 정보가 별로 없었다. 오토바이 일주를 한 아저씨들의 간단한 후기뿐. 여행 정보도 없고 사진도 별로 없었지만, 우리의 마음은 이미 하장에 있었다. 그때부터 하장에 대해 열심히 찾아봤고, 최종 목적지는 하장을 거쳐 가야 하는 '동반(DongVan)'이라는 작은 마을로 정했다. 하노이~하장 행 차량은 예약했는데, 하장~동반 행 차량은 어디서 타고 시간표는 어떻게 되는지를 알 길이 없었다.

'일단 하장에 가서 물어보지 뭐.'

약 6시간을 달려 하장에 도착했다. 하장에 도착해 급하게 숙소를 구하고 번역기를 돌려가며 현지인들에게 물어봤다. 동반에 가고 싶은데 어떻게 가야 하는지, 버스가 있다면 몇 시에 오는지.

다음날 현지인들의 도움을 받아 관광객은 우리밖에 없는 16인승 미니버스에 몸을 실었다. 사람을 태운다기보다는 각종 택배와 짐을 싣는 버스에 사람이 끼여 타는 느낌이었다. 그나마 앉을 수 있는 의자에는 비닐봉투가 걸려 있었다. 불길했다. 그리고 불길한 예감은 곧 현실이 되었다. 우리나라 영월, 정선의 30배는 될 것 같은 구불구불한 길에, 곳곳이 움푹 패인 도로 위를 거침없이 달리던 버스. 달린 지 두 시간쯤 됐을 때 건너편에 앉아 있던 현지인이 토를 하기 시작했다. 이해할 수밖에 없는 도로 상황이었기에 냄새를 꾹 참으며 애써 외면했다. 멀미가 나서 잠을 자고 싶었지만, 약 39,483개의 코너를 돌 때마다 클랙슨을 울리는 바람에 잠을 잘 수가 없었다. 게다가 중간에 나오는 마을마다 정차해서 실려있던 짐을 내려주고, 싣고를 반복. 짐의 종류도 다양했는데 기본적인 생필품부터 식재료, 심지어는 살아있는 수탉도 버스 천장에 실려있었다.

이 상황이 너무 웃겼던 우리는 해탈의 경지에 이른 듯 깔깔거리며 웃었다. 달린 지 세 시간쯤 됐을까. 창밖 풍경이 바뀌기 시작했다. 쿠킹클래스 선생님이 보여줬던 사진보다 훨씬 더 멋진 모습이었다.

앞뒤, 양옆 어디를 봐도 둥그스름한 모양의 초록빛 산이 가득했다. 우리나라에서 보던 산골 동네와는 확연히 다른 '동반'에 도착했다. 우리나라로 치면 읍내? 아니, 읍보다 더 작은 느낌의 마을이었지만 생각보다 숙소도 많고 로컬 식당도 꽤 많았다.

동반에 약 일주일간 머물며 바이크 여행을 했는데 우기라 그런가, 비가 오는 날이 많았다. 처음에는 비 오는 날씨가 원망스러웠는데, 산등성이 사이사이 자욱한 물안개가 깔린 풍경 속을 달리고 있을 때면 멋들어진 산수화 한 폭에 들어와 있는 느낌이라 오히려 좋았다. 비에 쫄딱 젖은 생쥐 꼴이 되어도 그 모습이 웃긴다며 한참을 웃고, 안개가 심해서 한치 눈앞이 보이지 않아도 실망하는 서로의 표정을 보며 웃었다. 날씨가 좋을 때는 웅장한 협곡 사이에 서서 대자연 속에 있는 우리를 느꼈다.

하루는 동반 여행 중 가장 기대했던 곳인 '마피렝 패스'를 찾아갔는데 정보가 너무 없어서 현지인들에게 물어물어 겨우 찾아갔다. 뷰포인트에 도착할 때쯤에 서로 눈앞 풍경을 못 보게 손으로 가리면서 일부러 땅만 보고 걸었다. 그리고 외쳤다.

"하나, 둘, 셋!"

"와…!!"

이때의 전율은 아직도 잊을 수 없다. 동반을 여행하는 우리의 모습을 영상으로 남겨두었는데, 그 영상은 언제봐도 웃음이 난다. 찍어두길 참 잘했다. 동남아의 스위스라 부르고 싶었던 마피렝, 자연을 좋아하는 사람에게 추천해 주고 싶은 동반. 어쩌면 가장 순수했을 우리의 그때 그 모습이 아직 동반에 남아있다.

프라하의 모녀

봄기운이 만연한 4월, 체코 관광청 인스타그램 계정에서 DM이 왔다.

'안녕하세요. 체코 관광청입니다. 전화로 문의드리고 싶은 게 있는데 통화 가능하실까요~?'

체코 관광청과 프라하시 관광청, 대한항공이 콜라보하는 프로젝트에 함께해 주실 수 있냐는 제안이었다. 당연히 커플 콘셉트로 연락 주신 줄 알았는데 이번 프로젝트 콘셉트는 '모녀여행'이라고 했다. 마침 옆에 있던 엄마가 이 이야길 들으셨고, 기대에 찬 눈빛으로 손가락을 동그랗게 말아 오케이 사인을 보내셨다. 약 15분간의 통화가 끝나고 엄마는 나도 체코 가는 거냐며 어린아이처럼 신나 하셨고, 옆에 있던 써니는 본인은 가지 못한다는 아쉬움과 자유 남편이 될 것에 대한 기대감이 섞인 표정으로 좋은 시간을 보내고 오라고 했다.

그로부터 4개월이 지난 8월 어느날, 엄마와 나는 프라하행 대한항공 비행기에 몸을 실었다. 모녀여행이라는 콘셉트답게 세 명의 인플루언서와 세 명의 어머니, 그리고 관광청 담당자님까지 총 7명이 함께 5박 6일간 프라하를 여행하며 콘텐츠를 만드는 일정이었다.

숙소에 도착하자마자 입이 떠억 벌어졌다. 엄마와 하는 여행인 만큼 숙소도 식당도 모두 최고급으로 준비해 주셨기 때문이다. 다 같이 모여 인사를 나누는 저녁 식사를 마치고 숙소로 돌아와 들뜬 마음으로 엄마와 수다를 떨다 잠이 들었다.

다음날부터 본격적인 일정이 시작됐다. 놀러 온 게 아니라 일로 온 것이기

때문에 엄마와 함께 영상도 찍고 사진도 찍으면서 일정을 소화했다. 다른 인플루언서들도 모두 성격이 좋고, 어머니들도 재밌으셔서 7명이 함께 다니는 내내 웃음이 끊이지 않았다. 부지런히 관광지를 돌아보고 식사 때마다 맛있는 음식과 와인을 마시며 프라하를 즐겼다.

특히 기억에 남는 것은 옛날에 고성이었던 곳을 리모델링하여 5성급 호텔이 된 고성호텔에 갔을 때였다. 대저택 입구로 들어갈 때처럼 대문이 양옆으로 열리며 잘 차려입은 직원들이 우리를 반겨주었다. 드넓은 정원에 한참을 더 들어가고 나서야 호텔 건물이 나왔는데, 벽지부터 가구, 문손잡이까지 전부 고풍스러웠다. 호텔은 5성급에 걸맞게 부대시설도 잘되어 있었다. 천연 수영장과 사우나, 도서관, 스파, 고급스러운 공용공간까지!

메이드복을 입은 직원이 묵직한 열쇠

로 방문을 열어줄 때는 짜릿함 그 자체였다. 알록달록한 꽃무늬가 돋보이는 커튼과 샹들리에 조명, 엔틱한 가구들…. 초록의 잔디 정원이 쫙 보이는 창문으로는 햇살이 가득 들어오고 있었다. 사소한 어메니티 하나까지 신경 쓴 것이 느껴졌고, 화장실 거울도 너무 예뻐서 엄마와 함께 우리가 고성에 사는 공주님이 된 것 같다며 웃음꽃을 피웠다.

저녁에는 호텔 레스토랑에서 애피타이저부터 디저트까지 정성이 듬뿍 들어간 고급 파인다이닝을 즐겼다. 눈으로 한번, 입으로 또 한 번 음미하며 촬영하는 것도 잊지 않았다.

불꽃같았던 일정을 마치고 방으로 돌아와 사진과 영상을 백업하고 있는데, 잘 준비를 마친 엄마가 나에게 이렇게 말씀하셨다.

"고마워, 딸~ 딸 덕분에 이런 호사도 누려보네."

순간 묵직한 감정이 나를 스쳐 갔다. 애써 밝은 척, 더 열심히 해서 좋은 것들 많이 누릴 수 있게 해주겠다고 씩씩하게 대답했지만, 부모님의 시간은 나의 시간보다 빠르다는 걸 이젠 알고 있다.

6일간의 공식 일정을 끝내고 남은 4일은 엄마와 자유여행을 했다. 근교 소도시인 체스키크룸로프에도 가보고, 엄마가 가고 싶어 하셨던 할슈타트도 다녀왔다. 프라하에서 다녀올 수 있는 당일치기 투어를 이

용했는데, 할슈타트에 도착했을 때 사실 나는 가이드님이 알려주신 맛집도 가고 싶고 유명한 포토존에서 사진도 찍고 싶었다. 하지만 지금 당장 배고픔을 달래야 하는 엄마를 위해 눈앞에 보이는 식당에 들어가 점심을 먹고, 발길 닿는 대로 걸어 다니며 이곳을 즐기는 엄마 뒤를 아무 말 없이 따라다녔다. 나한테는 유명한 포토존에서 사진을 찍는 게 더 중요했지만, 엄마에게는 길가에 핀 꽃의 생김새가, 교회의 건축 양식이, 이곳 사람들의 사는 모습이 더 특별했던 거다.

나는 그런 엄마의 반짝이는 순간들을 카메라로 담았다. 그리고 이

사진들은 엄마의 카카오톡 프로필 사진이 되었다. 몇 번이고 사진을 들여다보며 행복해 하시는 모습에 나도 뿌듯했다. 나의 시간보다 더 빠르게 흘러가는 부모님의 시간을 조금 더 행복한 시간으로 채워드리기로 다짐해 본다.

체코에 다녀온 지 6개월이 지난 지금도 엄마는 종종 이야기하신다.
"프라하에서 참 좋았어~~"
"다른 관광청에서는 연락 안 오려나~~?"

초록빛 환희로 가득 찬 밤

오랜 기간 인스타그램 친구로 알고 지냈던, 캐나다 캘거리에 거주 중인 분이 어느날 메시지를 보내왔다.

'은빈님! 지금 캐나다 비행기표 엄청 저렴해요. 미쳤어요!'

바로 에어캐나다 사이트에 접속해 봤더니, 아니 이게 무슨 일! 말도 안 되는 가격이었다. 그날 저녁, 나는 캐나다행 티켓을 질러버렸다.

인천-밴쿠버 경유-캘거리까지 가는 왕복 티켓으로, 캐나다 단풍잎들이 빠알갛게 물드는 가을에 다녀오는 일정이었다. 머릿속엔 온통 일에 대한 생각뿐인 내가, 일로 가는 여행이 아닌 자유여행은 사치라고 생각했던 내가 일본도 동남아도 아닌, 무려 캐나다까지 가는 비행기를 반나절 만에 질러버린 것이다. 심지어 한 달을 꼭 채워서 다녀오는 긴 여정이었다. 캐나다까지 간 김에 미국도 다녀오기로 큰 결심을 했다. 2013년 캐나다 워킹홀리데이 이후, 나는 늘 밴프를 그리워하며 살았다. 언젠가 꼭 다시 가리라 다짐했던 밴프에 사랑하는 남편과 함께 간다니. 이보다 더 멋진 여행은 없을 것이다.

티켓팅을 할 때까지만 해도 8개월이 언제 흐르나 싶었는데, 순식간에 나무들이 옷을 갈아입는 가을이 되었다. 그리고 드디어 D-day! 어느 때보다 설레는 마음으로 비행기에 몸을 실었다. 약 16시간의 대이동은 설레는 마음만큼이나 빠르게 지나갔다. 캘거리에서 하룻밤을 보

내고 다음 날 아침 일찍, 우리는 옐로나이프행 비행기를 탔다. 23살의 은빈이가 끝끝내 이루지 못했던 마지막 버킷리스트, '오로라'를 보기 위해!

눈이 저절로 감길 만큼 피곤했지만, 비행기 창문 밖으로 보이는 생소한 풍경에 정신이 번쩍 들었다. 북극곰 동상이 반겨주는 옐로나이프에 도착했다. 비행기에서 내릴 때부터 공기가 달랐다. 북극 바로 밑이라 그런가. 확실히 쌀쌀했다. 외투를 챙겨입고 숙소에 도착하니 그제야 실감이 났다. '아, 나 진짜 캐나다에 왔구나.'

옐로나이프는 오로라를 보러 오는 사람들이 대부분이기 때문에 다

들 낮에 체력을 비축해 뒀다가 밤에 발산
한다. 몰려오는 졸음 때문에 오로라를 놓
칠 순 없으니, 마트에 들러 마실 물과 간
단한 식량을 사두고 바로 잠을 청했다.

드디어 기대하고 기대하던 오로라를 보
러 가는 길, 우리는 5일 일정으로 한인 투
어사를 예약해 뒀었는데, 첫째 날은 '캐빈
(Cabin)'이라 불리는 오두막에서 오로라를
보는 일정이었다. 전 세계 각국에서 모인
약 15명의 사람이 캐네디언 할머니가 끓
여주시는 클램차우더 스프와 빵을 나누어
먹고, 오순도순 둘러앉아 캠프파이어를
즐겼다. 오로라가 뜨길 기다리며 하염없
이 밤하늘을 쳐다봤다.

이곳을 포함해 옐로나이프에 있는 모두
가 한마음 한뜻으로 오로라를 기다렸을
것이다. 기대가 컸던 탓일까? 이날 밤은
두터운 구름 때문에 오로라를 볼 수 없었
다. 아쉬운 마음을 안고 다음 날이 되었다.
'오로라' 하면 떠오르는 삼각형 모양의 원
주민 텐트들이 나란히 있는 곳, '오로라 빌

  나의 직업은 여행입니다

리지(Aurora Village)'에 가는 날이다. 이번 투어 중 가장 기대한 순간이기도 했다. 옐로나이프 시내에서 오로라 빌리지까지 전 세계에서 모인 사람들을 꽉 채운 40인승 버스가 도착했다. 빌리지에 도착해보니, 그런 버스가 몇 대는 더 있었다. 족히 200명은 훌쩍 넘을 것 같은 사람들이 각자 배정받은 텐트(Teepee)에 들어가 몸을 녹이거나, 빌리지 내에서 오로라를 볼 수 있는 스팟으로 이동했다.

첫날과는 달리 하늘이 청명하다 못해 시렸다. 별이 쏟아질 듯 많이 보였고, 은하수까지 눈으로 볼 수 있었다. 기대되는 마음으로 삼각대를 설치해 두고 기다리기를 1시간, 2시간, 3시간…. 시간은 속절없이 흐르는데, 오로라의 '오'자도 보일 기미가 없었다. 알고 보니 이날은 오로라 지수가 0이었다(숫자가 높을수록 나타날 확률 높은 것) 오로라를 볼 수 있는 확률은 100% 중 3%라고 했다. 새벽이 될수록 날씨가 추워지면서 밖에서 오로라를 기다리던 사람도 점점 텐트 안으로 들어오기 시작했다. 오로라 빌리지에 머물 수 있는 시간은 새벽 2시까지였는데, 더 있고 싶은 사람은 추가 금액을 지불하고 연장하는 시스템이 있었다. 우리는 오로라가 보이든 안 보이든 별이라도 찍자는 마음으로 바로 연장을 했고, 그곳에 있던 대다수는 오늘은 글렀다며 숙소로 돌아갔다. 200명은 족히 넘는 것 같던 사람들이 순식간에 빠지고 20명도 안 되는 소수만이 남았다. 사람이 확 줄어든 오로라 빌리지에는 고요함만이 존재했다. 텐트에서 멀리 떨어진 아무도 없는 허허벌판 위에 삼각대를 세워두고 30분쯤 흘렀을까? 저 멀리에서 초록빛이 돌기 시작했다.

… 오로라다!!

아지랑이 피어오르듯 얇게 보이던 오로라는 순식간에 하늘을 집어
삼킬 기세로 커졌다. 깜깜한 밤하늘에 초록빛 불이 났다. 그리곤 바람
에 커튼이 날리는 모양으로 오로라가 춤을 추기 시작했다. 댄싱 오로

라였다. 여기저기서 탄성이 터졌다. 태어나서 본 풍경 중 가장 경이로운 순간이었다. 벅차오르는 마음을 표현할 길이 없어 나도 모르게 눈물이 흘렀다. 초록빛 환희로 가득 찬 밤이었다.

남아있던 20여 명의 사람은 저마다의 방법으로 오로라를 만끽했다. 사방이 깜깜해서 자세히 보이지는 않았지만, 모두가 한마음 한뜻으로 초록빛 환희를 즐기고 있음이 분명했다. 여기저기서 영어 감탄사가 들려왔는데, 처음 들어보는 감탄사까지 곳곳에서 온갖 감탄사들이 흘러나왔다. 황홀했던 한 시간을 보내고, 숙소로 돌아가는 셔틀버스를 타기 전 라운지에 모든 사람이 동그랗게 모였다. 각자 느꼈던 흥분을 나누며 행복해했고, 그중 한 명이 이렇게 외쳤다.

"끝까지 남은 사람들 모두 축하합니다!!"

나는 이날 인생의 교훈을 또 하나 얻었다. '존버는 승리한다.' 포기하지 않고 끝까지 버티는 사람이 승리한다는 뜻이다.

안녕, 밴프!

일곱 번 넘어져도 여덟 번 일어났던 불굴의 의지 강은빈을 만들어준 캐나다. 그리고 그 중심엔 언제나 '밴프(Banff)'가 있었다. 지난 11년 동안 내 마음속에 아련하게 자리한 밴프는, 잊을 수 없는 기억이자 늘 돌아가고 싶은 곳이었다.

밴프에는 밴프 에비뉴(Banff Av.)라는 주요 거리가 있는데, 그 거리 끝엔 해발 3,000m가 넘는 캐스케이드 마운틴(Cascade Mountain)이 우뚝 서서 마을을 내려다보고 있다. 하루하루를 분 단위로 쪼개가며 열심히 살았던 밴프에서 몸은 정말 힘들었지만, 마음만큼은 어느 때보다 풍요로웠다. 밴프는 나에게 치열한 생존지이자, 평생 잊지 못할 안식처였다. 마음속에 늘 이곳을 그리며 살았다. 언젠가 꼭 다시 오겠노라고.

그랬던 밴프에 다시 왔다. 다시 오기까지 11년이 걸렸다. 워낙 한국에서 멀리 떨어진 곳이다 보니 한 번 올 때 다른 곳도 보고 싶어서 욕심을 부렸다. 캐나다 옐로나이프에서 오로라를 보고, 퀘벡과 몬트리올에서 단풍을 본 뒤, 뉴욕으로 넘어가 뉴요커가 돼보았다가, 피날레는 늘 그리웠던 밴프로 장식하는 일정이었다.

이전의 모든 여행을 마치고 드디어 밴프로 가는 날, 캘거리에서 친구들을 만나 나의 최애 호수 '모레인 레이크(Morain Lake)'로 이동했다.

▲ 2013년

▲ 2024년

어렵게 예약한 셔틀버스를 타고 도착한 모레인 레이크는 여전히 눈부시게 아름다웠다.

에메랄드빛 물감을 잔뜩 풀어놓은 듯한 호수 너머로 병풍처럼 겹겹이 쌓인 산봉우리가 우리를 반겨주었다. 만년설 가득한 산과 에메랄드빛 호수를 다시 보니 감회가 새로웠다. 비록 오래 머무를 순 없었지만, 11년 만의 재회를 하기에는 충분했다. 아쉬운 마음을 뒤로한 채 밴프로 돌아와 예전에 머물렀던 숙소에 일주일간 다시 머물렀다.

시간은 왜 이렇게 빨리 흐르는지. 다시 오면 하고 싶던 것들이 참 많았는데, 날씨가 도와주지 않아 속상했다. 산을 가거나 호수를 가는 등 대부분이 야외에서 하는 것들이었기 때문이다.

팀홀튼 가기, 근교 호수 투어 하기, 온천 가기, 곤돌라 타고 전망대 올라가기, 예전에 일했던 곳 다시 가보기, 예전에 사진 찍었던 곳에서 똑같이 사진 찍기, 그때는 비싸다고 생각해서 먹지 못했던 디저트 사먹어보기, 마트에서 장 봐서 음식 해먹기 등등 다시 오면 해보고 싶은 리스트는 생각보다 소박했다.

거리를 걸을 때도, 음식점에 갈 때도 곳곳에 추억이 가득해서 그때의 소소한 이야기들을 써니에게 조잘조잘 얘기해주는 것도 빼먹지 않았다. 반짝이는 눈으로 신나게 옛날이야기를 조잘거리는 내 모습이 행복해 보였는지, 그저 따뜻한 미소로 나를 바라봐주었다. 그렇게 일주일이 흘렀다.

일주일간 머물렀던 숙소에서 체크아웃을 했다. 그리고 바로 다시 체크인을 했다. 이대로 떠나기가 너무 아쉬웠던 나는 3일을 더 머물기로 하고 같은 숙소를 다시 예약했다. 이전과 같은 방은 아니었지만, 밴프에 더 머물 수 있다는 것만으로도 행복했다. 귀국 전 일정이 다소 타이트해졌지만, 지금 그것보다 중요한 건 밴프에 조금이라도 더 머무를 수 있는 것이었으니까.

우리의 결정을 반기듯, 밖에는 함박눈이 내리고 있었다. 밴프는 겨울에 눈이 엄청 많이 오는 곳인데, 10월에 간 탓에 아슬아슬하게 눈을

KINDNESS IS COOL
1019

▲ 2013년

▲ 2024년

못 볼 것 같아 아쉬웠던 마음을 알아챘나 보다. 워낙 작은 규모의 마을인 데다 높은 건물 하나 없이 통나무로 지은 집들이 아기자기하게 늘어선 곳에 함박눈이 내리니, 그야말로 동화 속 풍경 같았다. 추위도 잊은 채 함박눈을 맞으며 동화 속을 한참 걸었다.

어느 날은 하루에 10만 원이나 하는 자전거를 빌려 근교 호수를 돌기로 했다. 마트에 들러 먹을거리를 두둑이 사서 자전거를 타고 40분쯤 달려 미네완카 호수(Minewanka Lake)에 도착했다. 11년 전, 누구에게도 말할 수 없던 외로움을 이 호수가 조용히 달래주던 때가 있었다. 그랬던 곳에 지금은 남편과 함께 와 있다니. 말로 표현 못할 몽글몽글함이 가슴 속에서 피어오르고 있었다.

캐나다에서의 경험들이 지금의 나를 있게 만들어주었고, 그런 씩씩

한 모습을 좋아해 주는 사람을 만나게 해주었다. 예나 지금이나 잔잔한 위로를 주는 호수에서 한참을 앉아 있다 근처 호수 네 곳을 돌고 시내로 돌아왔다.

좋았던 곳을 가슴 속에 그리며 살다 다시 그곳에 갔을 때, 예전과는 다른 모습에 크게 실망했던 적이 있다. 이번에도 그러면 어쩌지 하는 마음에 캐나다에 다시 가도 괜찮을까 싶었다. 걱정했던 게 무색할 만큼 밴프는 여전히 아름답게 반짝이고 있었고, 11년 전 캐나다에서 외국인 노동자로 열심히 살아가던 내 모습도 그대로 남아있었다.

그때도 지금도 하고 싶은 것을 향해 달려가는 내 모습이 한결같아 스스로가 대견했다. 10년 뒤에도 변함없는 모습으로 다시 만나자고 약속을 한 뒤 밴프를 떠났다.

"안녕, 밴프!"

덕업일치의 삶

아쉬움을 뚝뚝 흘리며 밴프를 떠났던 작년 가을, 그때만 해도 10년은 지나야 다시 캐나다에 올 수 있을 거라 생각했다. 그런데 1년이 지난 지금, 나는 캐나다 밴프에 있다. 그것도 이번엔 40일씩이나!

그동안 콘텐츠를 통해 캐나다의 매력을 꾸준히 알리곤 했는데, 이런 나의 진심이 조금씩 전해졌던 걸까? 밴프에 거주한 경험과 옐로나이프, 퀘벡시티, 몬트리올 등 여러 지역을 여행했던 경험, 무엇보다 캐나다를 진심으로 사랑하는 마음 덕분에, 캐나다 관광청에서 '여행에미치다'를 대표하는 크리에이터로서 알버타주에서 열리는 컨퍼런스를 취재할 수 있게 초대해 주셨다. 작년에 밴프를 떠나며 언젠가 일로 다시 캐나다에 오리라 혼자 다짐했었는데, 1년도 채 지나지 않아서 현실이 되다니, 이 얼마나 멋진 일인가!

캐나다에서는 2년마다 캐나다 여행 업계와 여행 미디어 관계자를 위한 'GoMedia Canada'라는 행사가 열린다. 매번 개최 지역이 바뀌는데, 올해는 내가 가장 사랑하는 알버타주에 위치한 재스퍼(Jasper)에서 행사가 열렸다. 컨퍼런스 형식이라 하루 이틀 일정으로도 충분할 법하지만, GoMedia는 달랐다. 재스퍼에서 가장 좋기로 소문난 호텔에서 3박 4일간 넉넉한 일정으로 진행됐다. 오전에는 캐나다 각 지역

의 매력을 소개하는 설명회가 열렸고, 가장 중요하다고 볼 수 있는 각 지역의 미디어 담당자와의 미팅 세션도 체계적으로 잘 준비되어 있었다. 오후에는 팀별로 나뉘어 재스퍼 곳곳을 둘러보고 체험할 수 있는 투어가 이어졌다. 아침, 점심, 저녁으로 언제나 맛있는 음식과 와인이 풍족하게 준비되어 있었고, 참가자들이 교류할 수 있는 프로그램도 세심하게 구성되어 있었다.

GoMedia가 가장 특별했던 점은 본 행사 전후로 팸투어(FAM Tour)에 참여할 수 있다는 점이었다. 200여 명의 참가자들은 캐나다 각 지역으로 흩어져 원하는 팸투어에 참여할 수 있었는데, 내가 참여했던 투어는 캘거리, 워터튼 레이크 국립공원, 드럼헬러 등 알버타주의 매

력을 느낄 수 있는 투어였다.

　매일 고급 레스토랑에서 식사를 하고, 평소에는 하기 힘든 다양한 액티비티를 즐기며 미국, 캐나다, 멕시코, 독일, 프랑스 등 각국에서 모인 사람들과 일주일 동안 교류할 수 있었다. 캐나다에서 살 때도, 호주에서 살 때도 이 정도로 외국인과 하루 종일 붙어있던 적은 없었는데, 이 일주일 동안 팸투어에 참여한 사람들과 함께 하면서 많은 것을 배우고 느낄 수 있었다. 그들이 자주 쓰는 영어 표현부터, 식사할 때의 예절이나 순서는 어떤지, 대화를 나눌 때는 어떤 주제에 가장 큰 리액션을 보이는지, 감사 인사는 어떤 식으로 하는지 등등. 처음엔 서로 어색했지만, 투어가 끝난 일주일 뒤에는 다음 만남을 기약하며 헤어짐을 아쉬워했다.

GoMedia를 통해 아직까지 한국에 알려지지 않은 새로운 곳들의 매력을 깊이 알게 되었고, 좋은 사람들을 만나며 신선한 자극을 접할 수 있었다. 평생 잊지 못할 특별한 경험을 하며 꿈만 같은 열흘을 보냈다.

행사가 끝난 뒤, 남은 한 달은 캐나다로 날아온 써니와 함께 더 찐하게 알버타주 여행을 했다. 캘거리에 사는 소피아 언니 부부와 진짜 로컬들만 하는 여행도 해보고, 잘 알려지지 않은 히든 스팟도 가보면서 말이다. 그리고 우리가 호스트가 되어 진행한 '써쎄투어' 답사도 하면서 잊지 못할 한 달을 보냈다.

사실 2025년은 나에게 쉽지 않은 해였다. '선택과 집중'이라는 말을 항상 떠올리며, 눈앞의 것에만 몰두하지 않으려 애쓴 한 해였다. 일을 과감히 줄였고 당장은 돈이 되지 않더라도 미래를 위한 일에 더 많은 가치를 두었다. 이렇게 하면 일에 대한 스트레스와 책임감이 전보다 더 가벼워질 줄 알았는데, 그렇지 않았다. 일을 줄여도 해야 할 것들은

여전히 많았고, 가벼워지는 건 통장 잔고뿐이었다.

　게다가 크리에이터 시장에도 많은 변화가 생기면서 앞으로의 콘텐츠 방향에 대해서도 고민이 많았던 해였다. 끊임없는 고민과 고뇌 속에 가을이 왔고, 캐나다에 갔고, 행사도 참여했고, 새로운 사람도 많이 만났다.

　GoMedia 마지막 날, 캘거리로 돌아가는 버스를 타기 전 호숫가를 거닐며 혼자만의 시간을 보냈다. 아침 햇살을 머금은 호수의 반짝이는

윤슬과 그 위를 지나가는 거위들을 보고 있자니 세상에 이런 평화가 또 있을까 싶었다. 가까운 벤치에 앉아 한참을 바라보았다. 바쁘게 달려온 지난날의 내 모습들이 스쳐 지나갔고, 캐나다의 자연이 그 모든 시간을 조용히 위로해 주었다. 순간 가슴 깊은 곳에서 행복감이 벅차올랐다. 캐나다 워킹홀리데이 시절, 밴프에서 느꼈던 바로 그 감정이었다. 지난 2~3년간 크고 작은 번아웃을 겪으며 많이 힘들었는데, 자연으로부터 말로 표현 못할 위로를 받고 나니 뜨거운 눈물이 흘렀다. 이러려고 캐나다가 나를 불렀구나…. 그동안의 모든 시간이 나를 이 자리로 데려왔다는 걸 느낄 수 있었다.

2024년에는 여행으로, 2025년에는 일로, 2026년은 써쎄투어를 위해! 그토록 그리던 캐나다에 3년 연속 올 수 있는 삶이라니. 이것이야말로 덕업일치의 삶이 아니겠나!

내 인생의 한 시기가 당신에게도 여행 같기를

이 책은 지난 2~3년간 내게 가장 큰 숙제였다. 출장으로 바쁜 와중에도 글을 써야 한다는 압박감이 늘 따라다녔고, 그 부담감이 나를 계속 짓눌렀다. 돌이켜보면, 이 책을 쓰는 과정이 그동안 겪은 번아웃의 가장 큰 원인이기도 했다. '내가 뭐라고 이 책을 쓰는 게 맞나?' '누가 누구한테 인스타그램을 알려준다는 거야' 같은 생각들이 수없이 머릿속에 맴돌았고, 그 시간이 너무 괴로웠다.

지난 2~3년간 '써니앤쎄이'는 분명 더 많이 알려지고 성장했다. 콘텐츠의 퀄리티도 전보다 많은 성장을 했다고 느낀다. 하지만 인스타그램 계정의 팔로워 수만큼은 오랫동안 제자리에 머물러 있었다. 이유는 명확했다. 협업과 광고 건을 해내는 것만으로도 버거워 계정을 돌볼 여력이 없었기 때문이다. 억지로 계정을 운영하는 느낌이 들 때도 많았고, 어느 순간부터는 좋아서라기보다 생계를 위해 붙들고 있는 기분에 가까워졌다. 계정을 키우지 못했다기보다, 제대로 돌보지 못한 시간에 더 가까웠다. 그런 상황에서 책을 쓴다는 게 모순처럼 느껴졌다. 인스타 계정 하나 돌보지도 못하면서 책을 쓰는 게 맞을지 스스로에게 끊임없이 질문하며 싸웠다.

그럼에도 불구하고 이 책을 끝까지 쓰기로 마음먹은 이유는, 어쩌면 누군가는 나를 롤모델로 생각하고 있을지도 모른다는 생각과, 누군가는 내가 걸어온 길을 알고 싶어 할 수도 있다는 생각 때문이었다. 완벽해서가 아니라, 흔들리면서도 여기까지 와 있는 사람으로서 이야기를 남기는 것도 의미가 있겠다고 생각했다.

또 하나는, 인스타그램에서는 다 보여주지 못했던 여행 크리에이터의 현실을 담아내고 싶었다. 화면 밖에서의 고민과 선택들, 그리고 써니앤쎄이가 아닌 인간 강은빈으로서 사적인 이야기까지도 솔직하게 남기고 싶었다.

글을 쓰는 일이 버겁게 느껴질 때마다 마감이 자꾸 미뤄졌고, 그때마다 출판사 대표님은 나를 재촉하기보다 이해해 주시고 다독여주셨다. 그 따뜻한 기다림 덕분에 이 책을 끝까지 완성할 수 있어서 진심으로 감사하다. 대표님께서 멱살 잡고 끌고 와주셨다고 해도 무방할 정도다. 하하.

나는 직설적인 사람이라 예쁜 표현이나 단어를 잘 쓰지 못한다. 그래서 글이 다소 투박하게 느껴질 수도 있지만, 있는 그대로 쓰는 것이 나의 장점이라고 믿으며 가능한 한 솔직담백하게 담아내려 노력했다. 부족한 필력이지만 내 생각과 진심만큼은 잘 전해졌기를 바란다.

마지막으로, 가장 가까운 곳에서 내 편이 되어준 써니와 나를 응원해 준 부모님께, 그리고 이 책이 나오길 기다려준 친구들과 팔로워분

들께도 진심으로 감사하다는 말을 전하고 싶다. 끝끝내 이 책을 완성해 낸 나 자신에게도, 정말 수고했다고 다독여주고 싶다. 내 인생의 한 시기를 압축해 담아낸 것 같아 감회가 새롭다.

나의 여행은 예전에도, 지금도, 앞으로도 계속될 것이다. 앞으로 써니앤쎄이의 여행과 일상도 따뜻한 시선으로 지켜봐 주시길 바라며, 이 책을 읽는 모든 이의 삶도 저마다의 속도로 이어지는 여행 같기를 바란다.

나의 직업은
여행입니다

초판1쇄 2026년 4월 24일 **지은이** 강은빈 **사진** 써니앤쎄이 **펴낸이** 한효정 **기획** 박화목 **디자인** d.purple **마케팅** 안수경 **펴낸곳** 도서출판 푸른향기 **출판등록** 2004년 9월 16일 제 320-2004-54호 **주소** 서울 영등포구 선유로 43가길 24 104-1002 (07210) **이메일** prunbook@naver.com **전화번호** 02-2671-5663 **팩스** 02-2671-5662 **홈페이지** prunbook.com | facebook.com/prunbook | instagram.com/prunbook

ISBN 978-89-6782-262-0 03320
ⓒ 강은빈, 2026, Printed in Korea

*책값은 뒤표지에 있습니다.

*파본은 구입하신 서점에서 교환해드립니다.